練習不想要

在過剩世界裡，
我們要學會減法生活

盧熠翎 著

〔推薦序〕

幸福的減法

張德芬

為什麼我們在擁有那麼多之後，還是不快樂？

談到幸福，很多人覺得人生需要不斷累積，等累積到一定程度後，也許從此就可以快樂幸福了。對此，我有和一般人不同的觀點：**幸福不是加法，而是減法**。

你越能夠剪斷囚禁你的欲念，一層層穿越內在枷鎖，便越能清晰感受到自在解脫的滋味。這與本書作者的觀點如出一轍。

我在自己的人生旅途中，對這一點體會特別深。當年我就是想搞明白人為什麼擁有了這麼多卻不快樂，所以走上了內在成長的道路。如今，我更願意享受簡單的生活，和大自然相處，吃簡單的食物，和寵物相處。在簡單的生活中，感受當下純然的自在和幸福。當這顆心靜下來，不再追逐、不再造作，內在的執著和煩惱便自然消逝了。

斷捨離是為生活做減法，也是為心靈留白，為收穫更多的人生幸福積蓄內在力量。

關於斷捨離，在本書中，作者盧熠翎不僅從更深層的理論角度，為讀者提供了新的思考維度，還從理論延伸，提供了具體可行的實操方法，讓讀者在理解斷捨離背後心靈意義的同時，在生活中切實修行「少即多」的內在成長哲學。

幸福的減法，就是在斷捨離的過程中，一步步覺察自我、發展自我，放下「多就是好」的執念。最後，願大家都能在「減法的奇蹟」中，回歸內在最本真的部分。也許你想要的一切，一直在出發的地方等著你。

各方推薦

減去生活中有形與無形的負累，才有空間讓更好的事物進駐生命。

——Blair／整理師

人性有貪婪的一面。凡可克服貪婪的人，都會領悟到減法生活的妙處。本書開示了有序生活的密碼，會幫助每一位讀者增加精神的負熵，提升內在秩序的審美體驗。

——李明／中國敘事療法奠基人、北京林業大學心理系副教授、醫學博士、哲學博士後

《練習不想要》是一本「正念的實踐書」。新的一年，我們都需要練習放下與簡化，感受生命的奇蹟豐盛！

——李怡如 Sangeeta／正念減壓ＭＢＳＲ與正念瑜珈老師

此書教導透過有意義的選擇讓人生回到有序、平衡、快樂，人們的五種原力（信念力、自我驅動力、意志力、專注力、修復力）也將因此發揮出更強大力量，與我拙作《原力效應》有深深的共鳴，強烈建議撥冗一讀！

——愛瑞克／《內在原力》系列作者、ＴＭＢＡ共同創辦人

人生常常是一個悖論，尋覓的是快樂，得到的是煩惱，尋覓的是自由，得到的是鎖鏈，大體如是。此書為此而著，告訴我們如何做自心的主人，進而成為命運的主人，初看似念頭管理手冊、欲望清理指南，其背後卻有軸心時代的大智慧，是當代人的幸福哲學與生活之道。

——聞中／中印古典思想研習者、宗教學博士、《梵・吠檀多・瑜伽：印度哲學家維韋卡南達思想研究》作者

當我斷捨離上萬件物品後，才發現以往太小看物品數量對我人生造成的影響。如同書中所說，當我們放下對物欲過度的執著，才能得到真正的快樂跟豐盛，我也是因此重獲新生。練習不想要，的確是物質過剩的現代人的課題，推薦你閱讀此書，一起開始練習吧！

——整理鍊金術師小印／《財富自由的整理鍊金術》作者

※：依首字筆畫排序

目錄

PART 1

擁有越多就會越幸福嗎？

喜悅背後的心靈法則

Contents

PART 2 快樂極簡的祕笈——清理身外之物

PART 3 身心輕盈了，清明的頭腦還會遠嗎？

Contents

目錄

PART 4 告別舊關係負累，與新的自我相逢

Contents

PART 5

調至正向頻道，吸引豐實未來

02

03

Contents

PART 1

擁有越多就會越幸福嗎？

喜悅背後的心靈法則

一個人如何才能成功、快樂呢?我們需要瞭解一個重要的概念,那就是內在的有序程度。

當代世界,因為資訊爆炸、時間碎片化,再加上生活節奏太快,片面看重外在物質,人的內在無序性和混亂度大大增加。其表現為:決策力下降,注意力缺失,心力不足,焦慮、壓力上升,拖延、懶惰加重,對未來缺少目標,行動力大幅度下降,自我控制和管理能力不足,幸福感下降。

當一個人的內在有序程度下降,甚至達到混亂的地步時,他會發現不光很難改變自己的命運,很難實現自己的目標,行動力變得極其衰弱,甚至連起床和睡覺都變成了一件麻煩的事情,情緒也更加飄忽不定。這是因為我們的內在混亂度越高,我們就越容易被那些貪、嗔、痴拉扯,這樣一來,想要成功,想要讓生活變得不同,想要設定和實現自己的長期目標,都會變得力不從心。

在這種情況下,哪怕是不停地購物,擁有很多物質財富,擁有令人羨慕的地位和人脈,仍然會覺得幸福離自己很遙遠。這是因為內在的情緒機制、欲望機制、頭腦中紛飛的念頭等，仍然會讓人處在各種關於過去和未來的煩惱中，處於各種比較、嫉妒、擔心中，而無法處於當下。

因此，在人生的某一個階段，我們想要透過更多的收穫來達到自己內外的成功，獲得快樂，並且證明自己，但是，我們終究還是需要走向內在成長、內在覺悟和升級的道路。

當內在混亂度下降，內在變得有序時，人才會體驗到更加清明的、內發性的喜悅感、幸福感，同時也會擁有更強的意志力、更強的行動力、更有效的決策力、更少的糾結、更高的行動效率，對未來的期待和希望也會變得更加積極正向，在人際關係中，也會處於一種開放和良性的狀態。

01 你的內在是混亂的，還是有序的？

享樂並不是自然選擇的一種機制。從生物演進的角度來看，人類之所以能夠生存到現在，是因為大自然篩選出獨特的生存機制，來確保人類在地球上的生存繁衍。但是，這種生存機制中並沒有提升幸福的機制。人類享受快樂的時光都是轉瞬即逝的，所以我們先天的基因並不能保證幸福感長期存在，取而代之的是焦慮感，我們總為自己的生存而焦慮。

理解這個觀點很簡單，一個物種能夠戰勝其他物種，管理整個地球，靠的肯定不是先天存在的幸福感，而是焦慮機制。大自然選擇讓我們更傾向於不滿足，傾向於感受到焦慮，想要再去做點什麼的念頭讓我們沒辦法停下來，總覺得再獲得點什麼就可以快樂，但是這個快樂永遠沒有辦法得到。

從社會學的角度來看，人類從出現到現在，物質力量增強了不止千萬倍，但是內心體驗並沒有得到明顯的提高。社會的進步和人類的幸福感之間沒有必然的關聯。在動物界也是如此，鉤吻鮭溯江而上，產卵完畢就死去，因為自然選擇的機制不是為了讓牠們快樂，而是為了讓牠們生存下來。

所以，如果你想要透過滿足感官的欲望而得到快樂，那快樂必然是極其短暫的。放縱貪婪、享樂、囤積的欲望去追求快樂，還會產生一個負面影響——我們的精神熵會不斷增加。

㈠什麼是心流和精神熵？

積極心理學奠基人、「心流」理論之父米哈里·契克森米哈伊（Mihaly Csikszentmihalyi），寫了包括《心流：高手都在研究的最優體驗心理學》（*Flow: The Psychology of Optimal Experience*）、《創造力》（*Creativity: Flow and the Psychology of Discovery and Invention*）在內的很多暢銷書。他告訴人們，「心流」是指我們在做某些事情時，那種全神貫注、投入忘我的狀態，在這種狀態下，事情完成之後，我們的內心會升起巨大的喜悅感。米哈里發現，當心流來臨時，人的心智會擺脫混沌狀態，變得更加澄澈。因此，經常體驗心流的人能獲得更大的成就。就像某個攀岩專家說的，完美的自我控制，會讓身體發揮極限，當回顧自己在這種狀態下所做的一切時，你會覺得無比自豪。

經常體驗心流的人，內心常常感到寧靜喜樂，心流是最接近幸福的狀態。

心流的反面，就是內心失序，也就是精神熵比較大的狀態。

「熵」是熱力學裡的概念，指一個系統的混亂度。一個系統越無序、越混亂，它的熵值就越大；一個系統越乾淨、越簡單、越有序，它的熵值就越小。

一個孤立的系統，如果不去跟外在的環境做能量交換，它的混亂度就會自然而然地增加，它會越來越無序，乃至變壞，這就是熵增理論。就像一幢房子，如果不去維護它，它就會變得髒亂、腐朽，總有一天會垮塌；像一座橋梁、一輛汽車，都會慢慢變得老舊、壞損。

精神熵，顧名思義就是人內在精神世界的混亂度。物質世界的系統在不增加任何能量的情況下會變壞，我們的精神世界也是如此。精神熵增的意思是，一旦缺乏足夠的管理或者維護，人的精神狀態就會自動自發地趨於混亂、渙散、無序，同時情緒會崩潰，行動力也會大大減弱。如果把人比喻成一個有硬體、軟體的機器，精神熵增的狀態就如同電腦、手機越用越慢，越用越卡，甚至是中毒。

如果沒有意志能量，無法持續地學習、自我要求，沒有更多的動力注入，人自身的狀態就會持續地變壞。即：在不受任何干預的情況下，人的狀態會向更差的方向發展，覺知會變得更差，精神熵不斷增加。我把它形容為「習性的地心引力」原理，人的固有習性在內在系統中會像地心引力一樣，向下拉扯著我們。人在這種情況下會逐漸趨於動物性，變得更加貪婪，容易嗔恨、懷疑、昏沉、嫉妒、憤怒、報復，這都是精神熵增加的表現。

物質熵的減少，需要不斷吸取外界的能量。因為外界的能量是負熵，會抵消物質本身的正熵。就像地球之所以越來越有秩序，文明之所以不斷演進，是因為植物在吸收太陽的能量，人類在運用燃料、礦物質的能量。一個系統吸收了負熵以後，它自己的熵就會減少，這個系統就會變得更加有序、有組織、結構化。

生命體就是以負熵狀態而存在。凡是生命自由的都處於負熵狀態，是有序的。這種生命的自由有序是建立在外在的無序上，也就是我們需要不斷地去獲得能量，要吃東西，要吸收陽光、水、空氣，要排泄廢物，來讓我們這個有機體變得有序，從而達到一種能量的守恆。

因此，我們要在「熵」後面看見兩股力量：一股是熵自然增長的破壞力，也就是變壞的力量、破壞的力量、毀滅的力量；另一股是生長的力量。宇宙、生命都由這兩股力量控制著，一股讓我們毀壞，另一股讓我們生長。

㈠ 讓你的意志力成為鑽石而不是石墨

精神熵的本質是我們意志的結構性。

舉個例子，碳是地球上儲量最豐富的元素之一，石墨和鑽石的原石金剛石都是由純碳組成的，可是為什麼它們看起來完全不同呢？它們的顏色不一樣，堅硬程度也不一樣，究竟是為什麼呢？原來，石墨和金剛石當中的碳原子確實一模一樣，但排列結構不相同，這就造成了它們完全不同的外觀和屬性。石墨中的碳原子是層疊結構，金剛石中的碳原子則是立體堆加的結構。兩者相比，石墨更容易毀壞，更難保存，金剛石則非常堅硬。也就是說，金剛石更加有序，它的熵值更低。

透過這個例子，可以推導出一個我自己研究的理論——**精神熵的鑽石原理**。它有以下幾點結論：

第一，普通的原子結構經過加壓、加熱，形成了更加牢固的原子結構，原子並沒有變化，但原子的排列結構發生了變化，熵值也隨之變化。

第二，石墨變成鑽石很難，但是一旦變成鑽石，就不容易逆轉，也就是說，熵從量變到質變是一個躍遷[1]。

第三，根據我的觀察與研究，人的意志力也有類似物質的分子結構。不同的人，思維的能量是一樣的，但是它的結構性、有序度、自控力不一樣，熵值就不一樣。同樣的意志力、同樣的消耗，不同的人因為思維結構不同，就導向不同的人生。

第四，精神熵也需要增加能量，才能產生精神熵的躍遷。也就是說，雖然貪、嗔、痴會影響我們每一個人，就算到了更高的境界，也會有貪婪、懶惰、嫉妒等問題，但是在一個更高的軌道上，我們更容易修復自己的精神狀態。

所以，精神熵的高低，決定了一個人能否進步、改變、成功。我們對待自己的精神熵，就如同要把石墨變成鑽石一樣，要給它增加能量。不是增加一點點能量就能把石墨變成鑽石，而需要高溫、高壓、強度、時間。對精神熵也一樣，我們要給自己注入強大的意志力、能量、自控力，才能使之產生量變到質變的躍遷。

1　指原子、分子等由某一種狀態，經能量激發，跨越、突變到另一種狀態。

㈠五種力量讓你的內在更強大

精神熵的躍遷即精神熵變得更小。

我研究了很多成功人士，他們有的是商人，有的是政治家、藝術家、明星、運動員，我發現決定一個人成功與否的，不是金錢，不是出身、學歷，甚至不是智商、情商，而是精神熵！

精神熵包含五種原力，這五種原力決定了一個人能否成功。

第一種原力是信念力。即運用信念的力量，你是否相信未來，能否運用你內在的能量，能否運用願景的力量。

成功的人信念力都很強，強到可以感染別人，能夠讓別人追隨他的信念，這就是領袖。領袖不一定要親自上場，但他有極強的信念。

讓自己完全相信一件事能做成，相信某一種力量，相信某一種結果，都會讓你的內在精神世界產生巨大的推動力。人的內在如同一套軟體系統，人的骨骼、神經、器官等如同硬體系統，軟體系統的偵錯和優化，能把硬體系統的潛能發揮到極致！

第二種原力是自我驅動力。是你獨立思考、獨立判斷、自我負責、自信、抽離自我去觀察和修正自己的力量。

自我驅動力強的人有個特質，就是慎獨。他不需要別人監督，而可以自我監督、自我修復和調整。有了目標以後，他會多加思考，不斷提升自己。自我驅動力能夠確保一個人不停地成長、修復自己。

我們在未成年的時候有監護人、老師管理和教導我們，但是成年以後，這些約束力減少了，自我驅動和自我監督的力量不同，導致人的差異開始加劇。每天的時間是用在放縱、享樂、躺平上，還是用在朝自己的未來目標努力上，短時間內的區別是不大的。但是，把時間拉長到數年、數十年，就會發現人和人之間巨大的、無法追趕的差距。

第三種原力是意志力。是表達自己的目標、感想、願景，去實現目標，對抗壓力和挫折，敢於冒險，對抗逆境，能夠感染、影響、感召別人的力量。

意志力堅強的人不會被逆境、失敗和別人的眼光打倒，因為他們是以自我內在為中心的。

第四種原力是專注力。是想要去做一件事情的時候，能夠投入、聚焦，心神不散，有持久的熱情的力量。

這也是米哈里所說的心流，即當我們從事一件事情的時候，可以達到忘我的境地。這種忘我是帶來享受和快樂的，能夠使我們忘掉其他所有的東西，沉浸其中。當你有這份專注力的時候，你做什麼事情都能夠成功，你會變成專家，因為你投入其中，你會做得比任何人都好。

每天帶著痛苦、功利的心態迎接生活和工作的人，很難變得卓越，因為這只是一種苦行般的折磨。相反，帶著喜悅、專注、無窮的樂趣，才能真正地成就一個人。

第五種原力是修復力。是自我管控、自我約束、自我調整、自我激勵，使人保持情緒平衡、人格穩定的能力。

修復力確保人基調穩定，不會被一些小挫折打敗，不會因為一些觀點而垮掉。對於自我修復力強的人，每次的挫敗都會讓他變得更強。如同希臘神話裡的安泰[2]，每次倒地都能吸取大地的能量，變得更加強大。

當一個人的五大原力都平衡發展時，他一定會成功。

那麼，如何運用這五大原力呢？眾所周知，在精神世界和物質世界都有兩種力：

一種是上升的力，我們吸取外界的能量，讓自己變得更好，讓精神熵的五大原力得到持續的滋養和平衡。

另一種是向下的力，就是我們前面提到的「習性的地心引力」，當我們被這些負向的、混沌低端的能量拉扯的時候，我們的五大原力就會收縮。你會不相信未來，覺得這個世界沒有辦法改變，信念力不足，失去獨立思考、判斷的能力，沒有辦法抽離自身、審視自己，變得更加從眾，別人說什麼就是什麼，自我驅動力不足。你會發現你沒有辦法設定目標，也根本不相信目標可以實現，就算勉強設定了一個目標，也堅持不了幾天，遇到挫折馬上就打退堂鼓，這就是意志力的退行。你沒有辦法專注，書看不進去，心沒有辦法靜下來，唯一可以沉浸其中的就是那些消耗精力的娛樂事項，沒有辦法自我調整，沒有辦法自我激勵，情緒會暴躁、煩亂。

被貪婪、嗔恨、懷疑、憤怒等原始欲望牽引的時候，精神熵的五大原力會不斷縮小，精神熵會不斷增大，讓人拖延、焦慮、煩躁，強迫症似地不斷滑手機、上癮、暴食，沒有辦法控制自己。易怒、貪婪、嫉妒、懶惰、找藉口、失望、絕望等等，這些雜亂、混亂都是精神熵增大的表現。

● ● ●

2 Antaeus，希臘神話中的巨人，海神波賽頓與大地之母蓋亞之子，能夠從大地獲取母親無限的力量。

記得我有個同學分享說她曾經是個焦慮、暴躁的人，而且由於給孩子施加了太多的壓力，上初中的女兒得了憂鬱症，出現自殘傾向，每天把自己關在房間裡，他們夫妻只能晚上悄悄地把吃的東西放在女兒房間門口，也不敢去問女兒吃了沒有。後來這位媽媽透過學習、上內在成長的課，個人狀態開始變化了。

令人驚訝的是，她女兒憂鬱的症狀也隨著媽媽狀態變好而慢慢減輕，願意與人交流了。後來，她讓女兒學習關於極簡清理的網路課程，女兒也願意配合，把如同垃圾堆一樣的臥室整理得煥然一新。生活型態也開始改變，每天早晨起床的第一件事就是開心地打開窗簾，讓陽光照在乾淨、簡約、整潔的房間裡。沒多久，女兒的憂鬱症也好了。

一個人如果精神熵太大，就沒有辦法駕馭好自己命運的船，因為他連舵都把握不好。有的人連準時起床、準時睡覺都做不到，就更別說去實現更大的計畫和夢想了。一個人精神熵大了以後，他便開始真正地衰老——心理的衰老急速加劇身體的衰老，因為他的氣、能量都已經泄了。相反，如果能夠調整自己，讓精神熵不斷下降，五大原力不斷回升，人就會變得年輕。當你的狀態越來越差時，那是因為你的精神熵值變大了，沒有外力的補給，沒有意志力的加持，沒有給自己做足夠的清理，你的狀態就更趨向於底層、原始、墮落。

我以前有個同學，他上學的時候不專心，上自習課時經常一會兒拿出英語單字背幾分鐘，一會兒翻翻歷史課本，一會兒又做兩道數學題。看起來很用功，忙東忙西，但成績總是不好。後來畢業進入職場也沒有什麼改變，做事情總是三分鐘熱度，頻頻跳槽，不知道自己真正喜歡的是什麼。

同學會見面聊起他的苦惱，我提醒他可能是精神熵的幾大原力不行，導致精神熵變大，自身越來越混亂。他後來學習了身心大清理的課程，逐漸克服了「向下的力」，近來聽聞在事業上小有成就，已經榮升公司中層管理者了。

不過，我們看別人的成功故事很簡單，換了自己就非常困難，因為我們的精神熵與「取得成功」所要的熵不匹配，我們只會被動地追隨「習性的地心引力」，追隨向下的力量，畢竟向下可比向上容易多了。

正因為精神熵自有慣性，它會自我增長，所以我們要有日常的堅持、堅守，要維持秩序，每天進行自我清理，不能鬆懈。

媒體人吳伯凡分享讀《心流》的心得時說：「當我們的精神能量與目標處在一種有序的狀態的時候，我們就處在低熵的狀態，我們不斷掙扎著要擺脫懶惰、慣性和社會對自己的束縛，貌似是在跟外界戰鬥，但本質上我們是在和精神熵增做對抗。」

我們之所以總是感到不快樂，也是因為精神熵增導致的混沌、無序把我們的心智慧量耗散了。並且，一個人的心智慧量就那麼多，因為各種各樣的刺激、享樂，把心智分散到了沒有實際作用的地方，就會導致無法降低精神熵。

房子都要經常打掃，但我們對自己的內心卻從來沒有想過要做清理，這也捨不得扔，那也捨不得扔，將各種垃圾滯留在心裡、頭腦裡，這是精神熵增加的一個非常重要的原因。

在這種狀態下，很多人用代償的方法來緩解不快樂，一種是享樂，一種是刺激。享樂和刺激就像窪地裡的水，沒有流動性，只能讓人感到短暫的快樂，無法帶來低精神熵的有序和內在真正的幸福快樂。

只有極簡身心清理，才能使我們擁有給予自己幸福和快樂的能力，因為它的核心是幫助我們建立身心秩序。它教我們清理自己的物品，清理自己的身體，清理自己的內在，清理自己的雜念。在這之後，我們才更容易進入高效、專注、享受的心流狀態，進入幸福、快樂的內在空間。

02

極簡主義驅動真正的快樂

誰是世界上最快樂的人？對於這個主題，媒體好像一點也不感興趣，它們感興趣的是誰是世界上最富有的人，《富比士》富豪榜上誰的排名又提前了幾位，誰又被擠下了幾位，誰掉出了富豪榜的前十位……從來沒有媒體去統計過，誰是這個世界上最快樂的人。

理查・戴維森（Richard Davidson）博士是美國著名腦神經學家，威斯康辛大學麥迪遜分校的心理學和精神病學教授，也是健康頭腦中心的創始人和主任。他以情緒和大腦的開創性工作而聞名。二〇〇六年，《時代》雜誌將戴維森評為「全球一百位最具影響力人物」之一。

馬修・李卡德（Matthieu Ricard）是一名僧侶。他曾經是位生化學家，二十六歲那年獲得博士學位以後，選擇放棄科學研究，到不丹研究藏傳佛教，後來他應理查・戴維森的邀請，參與冥想與大腦活動關係的研究。

戴維森在李卡德頭上裝了兩百多個感測器，發現當他藉由禪修冥想來培養慈悲心時，他的大腦會發出震動很強烈的伽瑪波。人腦的伽瑪波是由腦部額葉和頂葉聯合皮質區的活動引起的，而這些區域與人類的情緒和快樂相關。

李卡德說既然快樂決定了生命中每一刻的品質優劣，最好去全盤瞭解並明確界定它。對快樂的不求甚解，會導致我們雖然追求快樂，卻常常與它背道而馳，想要避開苦難卻向苦難直奔而去，這正是我們很多人的現實寫照。

他還說，幸福不只是享樂的感覺，而是內心的深度平靜和圓滿，那是一種在所有幸福、喜悅、痛苦等情緒中都存在的深層狀態，即便在悲傷的時候也能體會到幸福。

二〇〇二年，明就仁波切（西藏新生代禪修大師）也參加了戴維森主持的實驗研究，初學禪修的對照組人員，腦中與快樂相關的主要區域的神經活動提升了十％～十五％，而在禪定中的明就仁波切，其腦中的快樂指數躍升了七〇〇％，一度讓科學家以為儀器壞了。於是，他被美國《時代》雜誌譽為「世界上最快樂的人」。

那麼我們該如何追求快樂呢？大部分時間我們都在向外求，認為如果能夠得到某些事物，滿足一些條件，擁有一切就能快樂。「擁有一切就能快樂」這句話注定會毀滅快樂，因為「擁有一切」表示但凡你擁有得少一點，條件就不成立，你就不快樂了。所以我們需要把快樂的控制權收回來，認識到快樂的本質不是外在，而是頭腦、身體和情緒的體驗。**只有內在驅動的快樂，才真正屬於自己。**

㈠透過放下能獲得快樂嗎？

大眾普遍認為物質主義、消費主義能讓自己快樂，比如擁有更多的金錢、不動產、地位、衣物、飾品、汽車、讚、關注……**但是不斷滿足人的內在需求，並不能線性地增加內在幸福的程度**，相反地，物質主義、消費主義刺激了人的欲望，讓內在更加焦慮不安。

和物質主義相對的，是極簡主義（Minimalism）。極簡主義的核心不是物質，而是自己的真實內在，所以極簡主義者會考慮如何把重心放在當下，放在自己的內在，放在最重要的關係上，而不是被自己的欲望拉得團團轉。

《擁有越少，越幸福》（*The More of Less*）的作者約書亞．貝克（Joshua Becker），年紀輕輕就得到了令人羨慕的高職位、高薪，二十多歲就擁有了名車、豪宅，但令人詫異的是，他發現自己的幸福感並沒有增加，反而經常感到焦慮苦惱。

後來約書亞的媽媽過世，他突然明白了人世無常、時間有限的道理。財富、名譽、地位變得不再那麼重要，被人讚美、羨慕也變得不那麼重要，他要去體驗內在屬於自己的幸福快樂，而不再跟隨大眾的眼光和判斷標準。

他丟掉了家中九十%的東西，只留下兩百八十八件不可或缺的物品，開始極簡生活。新的生活讓他的內心開始充實，讓他獲得了前所未有的快樂和自由。

其實，看看我們身邊的人，是不是大多沒有找到內在真正的快樂呢？我們被忙忙碌碌的生活、工作牽扯，每一天都過得重複又平淡；有經濟壓力、拚搏的壓力；哪怕經濟條件不錯了，還是對未來充滿擔心，對他人比自己更好而心有不甘，總是想擁有更多；平時被海量的資訊打擾，連吃飯、走路都放不下手機；有家庭、朋友、工作等各種關係需要維護，把我們的時間又分走了很多；親密關係中的渴求、衝突、無奈，也時時刻刻揪住我們的內心。

我們的內在彷彿有種聲音：也許未來的某一天，我得到了什麼，或者發生了某些特定的事情，或是我成了什麼樣的人，我就能夠真正地快樂和喜悅。

因此我們為了完成內在這個聲音的要求而努力，而煩惱，而焦慮……但是，我們都忽略了一個重要的因素，那就是我們把自己的生命、此時此刻的當下，視為一個問題。

我們感覺自己處在一個必須要解決很多問題的世界，除非這些問題都獲得解決，否則我們無法快樂，無法開始真正地生活，無法真正地放鬆。但是我們已經太熟悉了：某個問題解決之後，另一個問題又出現了。

因此，有很多極簡主義的實踐者，透過另外一個方向，透過放下，透過做減法，透過捨得，去體驗當我們放下內在不斷增長的欲望和需求後，會發生的是匱乏，還是令人驚訝的，有著完全不同的可能。

- 美國蘋果公司創始人賈伯斯崇尚極簡，他的房屋裡只有一張愛因斯坦的照片、一個桌燈、一把椅子、一張床。他會花大量的時間冥想、靜心。如我們所知，他的產品也非常簡單、乾淨，他設計出如此簡約而不失美感的產品，就是他內在世界的反應。
- 日本的極簡主義者佐佐木典士，把自己的生活記錄成書——《我決定簡單的生活》，在日本掀起了極簡主義的生活風潮。
- 在德國東柏林，女建築師依娃，房間的擺設只有一張白色的床鋪、一盞黃色的落地燈，除此之外，再無他物。她說自己寧可花十萬美元去買一幅心儀的藝術家的畫作，也不會花四千美元去買一臺自己並不需要的平板電腦。

- 美國著名學者梭羅，只帶了一把斧頭，跑到瓦爾登湖邊建了一間小木屋，一個人在裡頭住了兩年兩個月零兩天，以驗證他悟出的人生真諦——一個人能夠滿足於基本的生活所需，就可以更從容、更充實地享受人生。
- Facebook 創始人祖克柏，身家上百億美金，但他常年只穿黑色的T恤和牛仔褲，因為這樣可以減少選擇，減少心力的損耗，讓生活變得更加簡單。

這些人其實都是在做身心清理，他們不想還需要什麼，而是反過來想什麼東西是自己不需要的、可以去除的，然後把這些東西全部捨掉，讓自己內在的心靈、外在的時間，統統最大化，讓精神熵減到最小，讓精神熵的五種原力變到最大。

我們內在的小我並不知道唯一可以讓自己得到平靜喜悅的時機就是此刻，我們總覺得快樂是在未來的某個時刻。當我們透過減法把內在的恐懼、欲望、焦慮清理到最少時，我們就會得到一種內在滿足的平靜，而這種平靜，可以讓我們焦慮的內心、小我得到放鬆。

由此，我們內在真正的聲音、如何過好自己生活的真實想法，這樣更本質的要求開始浮現出來。

當然，我們並不需要像某些極簡主義者一樣極端，把房子賣掉、把東西清空……但是我們可以學習其中的精髓，也就是放下對不斷增長的欲望、安全感的追求，真正心無罣礙地去過自己想要的快樂生活。曾經想要擁有更多來獲得快樂，但是我們現在發現，原來反其道而行才可以獲得快樂，那為什麼不去嘗試呢？

我看到網上有個例子：有個男生，他擁有幾百件服飾、鞋子擠滿衣櫥，各種包包、電子數位產品也應有盡有，花了很多金錢和時間淘來的物品擺滿了整個房間，但他在很長一段時間裡，感到工作和生活都非常壓抑，被醫生診斷出有輕度抑鬱和躁鬱症的傾向。

後來看了《怦然心動的人生整理魔法》、《我的家裡空無一物》等關於極簡身心清理的書、影集，他告訴自己，人生要開始做減法了。他與原來九十九％的所謂的朋友斷絕了往來，開始健身、調理身體，也將擁有的物品做了清理。他的身體逐漸健康起來，人際關係良好，家庭幸福，還添了寶寶，有了自己的公司，實現了心靈層面的極簡。

㈠掌控生命的品質

想要掌控生命的品質，首先，不能向基因屈服，不能跟隨本能的貪婪、執著、混沌，因為本能的力量總是把我們拉向混亂。

第二，不要跟隨所謂的感覺。在精神熵很大的時候，你的感覺都是混沌不清、錯誤的。跟隨感覺，往往是在跟隨混亂的、下墜的力量。

第三，不要跟隨底層的欲望和所謂的快樂，不要跟著貪、嗔、痴走。人在低意識的時候，偏向於貪圖身體感官方面的快感，越享樂，越懶惰，越無力。

第四，生命的品質在於控制意識的能力：我們的意識很弱小，潛意識卻很強大，意識只能同時處理七種資訊，人腦一秒鐘內有意識處理的訊息量約為一百二十六比特，也就是六十個中文字的訊息量。我們的注意力從海量的資訊中挑選感興趣的內容進行處理，但是絕大部分的內容並不會進入意識，而存在於潛意識裡。

就像管理一個十萬人的工廠，作為老闆，你不可能知道每個人在做什麼。人類的身體有上萬億個細胞，你更不可能知道它們在發生什麼。我們控制自己的身體和意識，就相當於一位老闆管理工廠，只能透過各級主管彙報的方式，去管理整間公司的員工。

第五，我們需要更加自律。自律和規則是我們精神熵變小的加速器，我們必須成為自己的管理者和監督者。佛洛伊德的理論把「我」分成本我、自我、超我三部分，我們要加強超我，降低自己的精神熵，成為自己的約束者。

第六，不要從眾。如果別人看短影片，你也看短影片，別人雙十一搶購，你也雙十一搶購，那麼很有可能你已經掉到大多數人都無法擺脫的引力裡面了。

● ● ●

大部分人的覺悟都是跟隨欲望走的，所以我們不能和大多數人一樣，我們需要降低自己的精神熵，透過從事極簡身心清理的生活實踐，來達到自己內心的極大豐富和專注。

身心清理的關鍵不是扔東西，而是看見之前為什麼會有混亂的狀態，為什麼會有亂七八糟的並不需要的物品，為什麼會貪婪地購買，需要意識到這是因為你的精神熵太大，內在心性的混亂度太高。透過外在的清理、內在的調整，我們把自己調理得更加乾淨有序。內在有序，外在也會顯化，看上去我們擁有的東西少了，其實我們擁有的更多了，我們擁有更高的效率、更強的執行力，更加能夠去實現自己的目標。

【功課】由捨到得的嘗試

1. 在你的房間找一個想要淘汰、清理的物品。
2. 問問自己：這個物品為什麼一直在這裡？（答案或許是懶惰、視而不見、捨不得……。）
3. 把這個物品處理掉，做個深呼吸。
4. 感覺自己可以同時清理內在的原因，比如說懶惰少了一點，捨不得少了一點，拖延、視而不見和聽而不聞少了一點，想讓自己的內在變得更加乾淨和簡單。
5. 也可以用這個方法來處理多餘的、不必要的選擇和決定。

03

快感不是快樂，喜悅不是欲望

隨著現代科技的發展，現在市場上的商品極為豐富，搜尋商品、支付和物流的便捷，也讓人們的購物需求大大增加。例如，在食物方面，越來越多的零食、餐點，不斷刺激人們多吃，導致現在的人暴飲暴食、營養過剩的情況非常普遍。

隨著網路和電子產品的升級發展，以及娛樂和工作的虛擬化、電子化，人越來越脫離自然，過度使用手機、電腦、電視等智慧設備，社交、溝通變得更加浮於表面，人和人面對面用心交流的時間變少了。

隨著社會節奏的加快，知識反覆運算和商業興衰速度的加快，物質更新、文明演進的加快，資訊開始過剩，人們內心的焦慮、痛苦和不安全感也在加劇。

在便利度不斷提升的同時，更多的人發現時間變得越來越破碎和緊缺，完整專注的時間變少了，人們忙忙碌碌卻很難進步。

這就是我們目前的生活圖景。這一切是社會的問題嗎？當然不是。是我們的內在和外在沒有適配所導致的問題。要解決這個問題，首先，我們要搞清楚什麼是欲望和欲望的機制。

(一)欲望的自我增長機制

人的欲望，不能簡單地描述成「當我購買、擁有了某樣東西後就會獲得滿足」，這僅僅是我們對物質的欲望。在精神層面，我們有想要被認同的欲望，有對被關注和被愛的渴望。我們為什麼要在社交媒體上發布文章，為什麼很想別人來按讚、留言？如果我們發表的言論得到很多人喜歡、贊同，我們就會開心快樂。**其本質是我們在精神層面上也想要擁有更多，想要展現優秀的自己，想要得到別人的認同**。

透過購買滿足欲望也好，在精神層面對愛、關注、認同的渴望也好，背後的深層心理動機都是欲望的自我增長機制。

欲望是人類的底層代碼，人類就是透過欲望來擴張、演進、創造文明的。我們想要更多，我們獲得了以後不覺得滿足，所以才催生了世界的進步和反覆運算，催生了整個文明的演進。

欲望的本質是自我意識的擴張。一個人的物理存在看上去就那麼一丁點，那他怎樣變得更大呢？

第一，吃。吃能夠讓我們的形體變大，看上去便是自我擴張了。

第二，擁有。當我們擁有足夠多的珠寶、香水、名牌包、車子、房子等物品時，就感覺可以觸及的邊界擴大了。我們還想擁有很多無形的東西，比如頭銜、地位、別人的讚揚、關係，來讓我們的自我意識變得更大。

這種想讓自我意識變得更大的核心，就是欲望。所以，欲望的存在本身就不希望人能獲得快樂和滿足，只有讓人不停地尋求、疊加、增長，才能實現它最原始的目標。

欲望的自我增長機制，滿足了人類繁衍和進化的需求，確保了每個人不能超過這個系統的最大公約數，但是我們想要透過實現欲望來滿足自己的這條路是行不通的，它只能帶來短暫的快樂，同時卻給我們帶來更多的焦慮、渴求、不滿，不可能帶來長久的滿足。如果我們不斷追逐欲望，必然會產生更多的痛苦。如果我們還是按照自己的慣有模式，依據小我的原始動機，想透過外在的積累來達到內在的快樂，那更是不可能的。

欲望是透過荷爾蒙和神經反應的運作，產生一種神經反應，來實現它的功能的。所以用購買等行為來刺激多巴胺的分泌所產生的快樂，和抽菸、喝酒、吃東西所產生的愉悅，本質上是沒有區別的。

用兩個月的薪水買了一臺魂牽夢縈的手機，為什麼會很開心呢？這種開心來自哪裡？有人說開心是來自「我擁有了一個新東西」。但是擁有新東西不一定會開心，你擁有第一件玩具的時候很開心，但是當你擁有了和玩具城一樣多的玩具時，再買一件玩具，怕是什麼感覺都沒有。

那麼，快樂和愉悅的感受到底來自哪裡？這就是**大腦的獎賞機制**——並不是因為購買、獲得、擁有產生快樂，而是整個神經系統讓你獲得快樂的感覺。它的運作原理是：**當我們有一個期待，並且這個期待被滿足後，我們的大腦就會產生一個刺激點，這個刺激點會促進多巴胺、腦內啡等化學物質的分泌，我們就會感覺到愉悅、激動、開心**。但如我們所知，欲望是會自我增長的，當滿足了這個刺激以後，欲望的期待值會上升；期待值上升以後，就算再獲得與之前同樣的刺激，你也不一定會開心了。

所以最痛苦的是，擁有很多東西、很多金錢，甚至應有盡有後，卻很難再獲得快樂，因為你的期待值已經被提得太高，無法得到滿足。

人會對菸、酒、賭博上癮，甚至對毒品上癮，明知道是條不歸路，但仍然沒辦法戒斷，也是因為他們的期待值已經沒有辦法再提高了，或者說控制神經系統激素分泌的毒品，對大腦和神經系統的刺激太強大了，當人體驗過那種極致的刺激以後，人世間其他的刺激——透過獲得、擁有、成就產生的快樂，已經沒辦法再讓他覺得興奮、愉悅了。

(一)不要把快感當成快樂

到底什麼才是真正的幸福快樂？

曾經有人對諾貝爾獎獲獎者做了一項調查，問他們在獲獎後的感受，這些科學家、學者說獲獎的那一刻非常幸福；過了一年再次訪問他們，對他們獲得諾貝爾獎的幸福指數進行評估，發現有些人的幸福指數不僅沒有上升，反而下降了。

生活當中我們最常遇到的是，你非常期待一件事情發生，比如取得非凡的業績，掙大把的錢，買奢侈品，去歐洲旅行……當你真正實現這些夢想、擁有這些東西的時候，你會發現那一刻並沒有想像中那麼快樂。

為什麼我們認為達成某個目標就會快樂？為什麼達成之後反而不快樂？

因為欲望的期待值是不斷提升的，你擁有的越多，欲望滿足所產生的效果也就不斷降低。

- 比如，當你還沒進入一段親密關係的時候，你可能會覺得只要你們能在一起，你就一定會永遠幸福。但是，一旦關係確立了，或者進入婚姻了，你可能發現，曾經那麼珍視的關係，吸引力突然下降了。
- 又或者，當你月薪三萬元的時候，覺得只要月薪到了四萬五千元你就會喜悅了，但等到了這一天，沒過多久，你就會覺得這個薪水很正常，甚至還會發現很多你看不上的同事薪水竟然比你高。於是，你會重新把你的目標調整到月薪六萬元，可等到再次實現的時候，你會覺得月薪十萬元才是個比較合理的數字。
- 有的時候，我們的欲望也會變形，偽裝成其他的樣子，比如追求靈性優越，追求比別人更正確，追求更高的地位……。

還有一點是很有意思，就是這種欲望的滿足感還伴隨著獨特性的需要，即我們渴望自己擁有的足夠多，但是其他人最好不要和我們一樣，不要超過我們。

比如，你有錢，但是你身邊的朋友、同事每個都有錢，甚至比你更有錢，你的自我滿足感就無法增加。當我們遇到比我們優秀、有錢、有智慧、成功、美麗的人時，我們的內在常常會感到痛苦，因為和他人相比，自己彷彿變小了，自己擁有的變少了，虛擬的自我滿足感也就縮減了。也就是說，雖然你擁有了很多，但是只要你發現你不是優越的、獨特的，你新的不滿、欲望、目標就會升起，但快樂不會升起。

所以，我們要去尋找一些可以固定擁有的，不被物質影響、轉移的快樂。

快感是什麼？快感是讓身體、神經產生興奮的感覺，比如性滿足、受到讚美、吃東西，都會讓人產生快感。

追求快感會令人上癮，所以我們會暴飲暴食，會有菸癮、酒癮。有人減肥減不下來，是因為快感會增強固有的神經記憶，讓人變得越來越貪吃。快感通常很短暫，因為荷爾蒙不可能二十四小時都分泌，當激素褪去，人又感覺到空虛和匱乏，想要擁有更多。

消費帶給人的也是一種快感。有人雖然學習了斷捨離，把家裡一些不必要的東西扔掉了，但是沒有斷掉購買的欲望，於是又反覆購買，重複體驗那種購買的快感，讓大腦過癮。

我們很容易把快樂和快感混為一談，覺得得到了某樣東西，達到了某個狀態，就會幸福快樂，但快樂並不是透過滿足欲望來獲得的。

快樂是一種內心管理的狀態，也就是說，我們先要降伏內心，能夠管理、控制自己的心性，才能得到快樂，而不是縱容貪、嗔、痴的那個小我運作和欲望增長。快樂更像是一種附加品，一種過程，一個狀態，而不是一個目的。

我記得有一次去一個朋友家裡做客，他的家稱得上豪宅。他告訴我，住別墅曾是他的夢想，但是當他買下這幢別墅，把它裝修好，走進這座豪宅，觀賞完每個房間、每個角落時，興奮感、愉悅感就消失了，他的腦海裡馬上產生一個新念頭：其實這座房子所處的地段也不怎麼樣，我能不能再買一棟更好的房子？

所以你看，只有當我們能夠管理內心，才能讓快樂變成一種持久的、彷彿是一直跟隨你的狀態，否則你只會被層出不窮的快感和欲望輪番操縱。

㈠ 進入內在快樂的方式

1. **放下對物欲過度的執著，也就是少欲：**欲望過多會導致我們跟隨內在的小我，跟隨人類最底層的動力去思考、行事，最終會迷失、痛苦。

2. **惜緣但得失隨緣：**當我們很渴求或者很排斥一些東西時，我們就沒辦法進入快樂的狀態。要知道，人都有生老病死，所有得到的東西最終都會失去。占有的越多，貪濁的心就會被餵養得越大，痛苦感也會更大。所以要及早學會放手，學會減少負擔，讓自己的內心變得輕盈。

3. **珍惜時間，努力生活：**減少欲望，並不是我們就什麼事情都不做了，而是要努力，要珍惜，享受生活本身，只是內心的執著不要再那麼重。就像一個去遊樂場的遊客一樣，你可以暢玩每個遊戲，但是你不可能把遊樂場帶回家。

4. **感恩：**我們如果每天都處在感恩的狀態裡面，感恩那些好的或者看上去不怎麼好的事情，感謝愛我們的、恨我們的人，就會很容易進入快樂的狀態。小我是欲望導向，我們要不停地訓練它，讓它放鬆，讓它知足，懂得感恩。

5. **活在當下：**你真的品嘗過食物嗎，你有認認真真地去聞它的味道，用你的味蕾去品味每一口的滋味嗎，還是每次吃東西的時候都狼吞虎嚥？你真的跟家人、朋友親密相處過嗎，觀察過他們的每一個動作、每一個表情嗎，發自肺腑地欣賞過他們嗎？活在當下的意思，就是把我們的注意力放在自身的每一個瞬間，透過感官、心靈去切切實實地感知它。

●
●
●

這些進入快樂狀態的方式，看上去很簡單，但其實是需要高強度訓練的，因為大部分的人，都很難意識到問題所在並做出改變。我們太熟悉自己的舊模式了，我們的欲望和我們自身混在一起，沒有辦法被區分出來。

你暴怒的時候，可能會做出出格的行為來傷害別人，事後可能會自責當時為什麼那麼瘋狂，為什麼對孩子、伴侶發那麼大的脾氣。這就是因為你被最原始的欲望控制著，被本能的動力牽扯著，這就是你的舊模式。

一個人貪婪的時候，甚至會去犯罪，去侵占不屬於自己的東西，哪怕他並不需要這些東西，這是因為被欲望控制而不自知。

你嫉妒的時候，總想把別人拉下來，雖然這麼做對你自身並沒有任何好處。看到一些醜事醜聞，很多網民就會莫名高興，因為他會產生一種快感，這種快感就是貪、嗔、痴、愚昧、嫉妒的能量。

一個人傲慢的時候，就聽不進別人的建議。
一個人懶惰的時候，就會葬送掉自己的機會，沒有辦法採取行動。

㈠外化欲望的心魔釋放法

當覺察到自己內在的欲望和心魔時，該如何清理它呢？有一個辦法叫「外化欲望的心魔釋放法」。

每當你感覺不對勁、快要失控的時候，感覺自己被憤怒、貪婪、嫉妒、懶惰、執著的能量控制的時候，也就是每次當你有所覺察的時候（覺察，就是在某種狀態中你產生了一種「看見」，一種想要去控制、改變的覺性和覺知。覺察是清理的前提，如果你沒看到它，就無從談起怎麼處理它），你可以感受一下你的內在驅動力，內在的心魔，想像著把它拿出來，捧在手上，看看它的樣子、動作，看它如何驅動著你。

當你暴怒的時候，你可以把憤怒的心魔拿出來，它可能像一個在噴火的紅色小惡魔。

當你貪婪的時候，想要買更多的衣服、珠寶、汽車的時候，同樣可以把心魔外化出來看一看，這個貪婪的小惡魔可能像一隻瘦小的綠色小妖怪。已經吃飽了的你，還在拚命吃喝，停不下嘴的時候，你去感覺一下這個貪吃的惡魔像什麼，有可能它在你的胃裡，像個邋遢的大嘴怪。

當你懶惰的時候，心魔可能在你的身上、背上趴著，就像《動物方城市》裡的樹懶一樣。

當你嫉妒的時候，你可以看到在你的臉上有個歇斯底里的小丑。

……

用外化的形式，把內在隱藏的驅動力展現出來，看見它，這一步是非常關鍵的。

當你把它「拿出來」、看見它時，你就和它區隔開了，你不再是它。之前，我們和欲望是混在一起的，你以為想要吃東西的是你、憤怒的是你、懶惰的也是你，而當你外化了欲望，把心魔從你身上拿出來以後，它就不再是你，你和它之間產生了距離。

你把它放在手上端詳，可以跟它說：「我看見你了，我釋放你，給你自由。」然後想像從你的眉心把覺知的力量、智慧的光芒照射在這個小惡魔身上，讓它鬆動、釋放和消散，做個深呼吸，你會感覺之前困擾你的欲望消退了很多。

當然，永遠會有新的欲望產生，無論怎樣練習，你都有貪婪、執著、憤怒、嫉妒、傲慢，只是透過練習，程度會降低，黏著時間也會減短。

欲望是人類的底層代碼，它一直在，你只是需要不斷地訓練自己的心性，當它下次再來的時候，你可以說：「我又看到你了。」隨即駕輕就熟地清理一下，然後和它說：「現在你可以走了。」

看見自己的內在狀態，內在的動力、情緒，內在的欲望，一次又一次地釋放它，這就是一種對內在的清理。所有的外物清理都要回到最關鍵的這一步，那就是，清理我們的內心。

【功課】反思自己的貪、嗔、痴

回顧一下：

1. 你是不是經常有不必要的消費和囤積？那個時候是怎樣的心態？
2. 你的居住和工作的空間反映了你怎樣的狀態？
3. 你最快樂的時光是什麼時候？現在的你快樂嗎？

4. 你之前設定的能讓自己達到快樂狀態的目標是什麼？
5. 你的自控力如何，可以高效專注地投入工作嗎？
6. 你有沒有在娛樂上過度消耗時間？
7. 你每天用在自我成長上的時間，是不是不足以支撐起你想要的改變？
8. 你最想要改變自己心性的哪一方面？

04 從買買買到活在當下

一部風靡網路的短片曾這樣寄語年輕人：「人類累積了幾千年的財富，所有的知識、見識、智慧和藝術，像是專門為你們準備的禮物。」然而今天的人貌似擁有很多，快樂卻越來越有限。

如果你想要透過滿足感官的欲望來獲得快樂，那獲得的快樂必然是極其短暫的；透過放縱貪婪、享樂、囤積去追求快樂，會讓我們的精神熵不斷增大、內在心性的混亂不斷提高。身心清理的關鍵不是扔東西，而是看見之前為什麼會有混亂的狀態，為什麼會貪婪地購買，看見內在的混亂。

(一) 謊言消費主義

這些年很流行一個詞，叫「消費升級」。消費升級看上去是理所應當的——我們有了錢，生活變得富足，我們想要過更好的生活，於是去購買很多東西，穿大品牌的衣服，吃得更多更好，住得更加舒適。

我們在社交媒體上也會看到很多人喜歡晒名牌，晒高檔的消費，好像用了什麼樣的東西，就是什麼階層的人一樣。因此，一些為了面子、滿足虛榮的過度消費、超前消費、借貸消費，就會越來越多。

購買從一種剛性需求變成了一種娛樂和快感的來源。打開任何一個網站或者手機應用程式，都看到它們在拚命引導大家買買買；更有各大購物平臺創造出的「雙十一、雙十二等各式各樣的購物節，引導人們購買，把人們推向過度消費。購物節期間，幾小時的成交量就達到幾百億的新聞層出不窮。在潛移默化中，我們感覺到，人生就是需要去消費，消費能帶來快樂，消費越多，代表越成功，人生就會越快樂。

英國歷史學家法蘭克．川特曼（Frank Trentmann）在《爆買帝國：從需要到渴望，消費主義席捲全球六〇〇年文明史》（*Empire of things: How we became a world of consumers, from the fifteenth century to the twenty-first*）一書中說：「一個典型的德國人擁有一萬件物品。二〇一三年，英國人總共擁有六十億件衣服，平均每個成年人一百件，其中四分之一從未被穿過。**我們被消費主義導向了一種錯誤認知：快樂是透過購買和擁有獲得的。**」

在消費主義價值觀的引導下，很多年輕人變成了月光族、透支族。我曾經問過一些年輕人：「你每個月的收入就幾萬塊錢，卻要買那麼多的項鍊、手鍊、墨鏡、耳環，而且都是大品牌，還要去參加各種聚會，你的人生是如何做取捨的呢？你不是還要繳房租，還要工作，還要學習嗎？」他說：「我賺的錢不就是要拿來消費、拿來享樂的嗎？人生不就該是這個樣子的嗎？難道我不應該生活得好一點，讓我感覺自己比別人更勝一籌？難道我不應該把這些發布到社群媒體上，好讓別人羨慕我嗎？這樣做，我會覺得我的人生很美好啊！」

的確，每個人都想讓自己的人生更加精采、快樂，所以我們傾向於擁有得更多。我們會認為，當擁有更大的住所，更好的汽車，更多的化妝品、包包、名牌衣服鞋子時，我們就會擁有更多別人的讚美、羨慕，人生就會變得更快樂。

二十世紀五零年代的美國，消費主義盛行。當時有一個廣播電臺錄製了一首五聲合唱曲，結尾是，「買買買，今天需要什麼你就買什麼」，每天都要反覆播放七十次。

消費主義盛行，在我們的日常生活中，廣告無處不在，甚至電視劇的臺詞中都會嵌入廣告，螢幕上會跳出連結或者 QR code。走在路上，招牌、燈箱、看板……都想讓你繼續購買、繼續擁有。「再多買點東西吧，你的生活會更美好！為什麼你不夠美，因為你缺了保溼、祛斑、除皺的護膚品！你的生活為什麼不夠幸福？因為你還缺一間望山臨水的房子！」沒有錢怎麼辦呢？那就分期付款、網路借貸，慢慢還，首付很便宜……。

另外，消費主義還大大降低了消費的門檻，提升了購買的便利度。現在用 App 買東西，在等紅燈的那幾秒裡就可以完成支付，再加上我們使用的是線上付款，大大降低了支付時的心理障礙。沒有錢也沒關係，還有各種各樣的借貸工具。只要你想買，就沒有什麼能阻礙你買，用手點擊幾下，你喜歡的商品就能隨著快遞來到你身邊。

我的一個朋友，曾經急於瘦身，招架不住銷售人員的推銷，一下子報了全能健身教練班、鋼管舞教練班、爵士舞教練班這三門較高難度的課程，不僅每週的下班時間都被排滿，還相當耗費體力。結果沒多久，他就發現自己不僅沒時間去學習，就算偶爾去一次也會累得第二天工作都緩不過來。課程的費用不是小數目，轉賣也不容易，無奈之下，他只能暫且放棄。健身房要獲得最大的盈利，就喜歡我朋友這種辦會員卡的人，加入會員一拍腦袋，使用次數卻幾乎沒有。

對大多數普通人而言，買房也是被市場形勢和輿論包裹挾持著的。房價合理的時候，你當然可以去買房子，但價格已經很高，或者你的收入不足以支付房貸的時候，擁有房產不一定是好事。尤其是二套房[3]，可能會讓你的家庭直接失去資金流動性和風險抵禦性。

我曾在一個論壇調查網友對於買房的看法，很多網友表示，買了房子以後壓力很大，有病都得忍著，畢竟每個月都要還房貸；有的網友極盡節儉之能事，不敢隨便消費，堅決不看非免費的電影，不去餐廳吃飯，除非有人請客，堅決不買沒太大價值的裝飾品。有個網友，月薪四五萬，買了房以後，每月生活費不到萬元，生活品質直線下降。他訴苦說，買了房以後，跟女朋友逛街和看電影的次數都減少了，每天除了上班就是想著怎麼兼職掙錢，更可怕的是，房貸要背二十年。

如果我們的消費與收入並不匹配，那為什麼一定要消費呢？**我們要重新審視，購買、消費、擁有，我們做這些事背後的出發點到底是什麼**。

除了購買實物，現在越來越多人喜歡囤積各式各樣的知識產品：買書，書架被填滿了，但其實沒看過幾本；囤課，但是沒幾個課程能上完。一些內容付費平臺還辦起了「知識囤貨節」，讓人覺得需要把知識像貨物一樣囤起來。

3　指第一間房貸尚未繳清，又貸款買的第二間房。

筆者自身也是一名心理課程講師，曾經有一名學員對我說，他對很多課程都有興趣，也買了不少，但是大多也就是收藏著沒有認真去聽。我給他的建議是要有取捨、有分類，真正喜歡的再買，買了就排好日程去聽講。如果有些課程已經衝動購買了，不想聽就別去聽，該認栽認栽，該捨棄捨棄，或者送給朋友聽，也不算浪費。

知識囤起來是沒有用的，因為知識總是在不斷更新，它只在你吸收了並且能夠實踐的時候才有用，只是把它放在書架上、我的最愛裡，是沒有任何用處的。

㈠ 擁有≠快樂，內心的快樂是一種來自內在的體驗

在消費主義的時代，在越來越物質化、越來越強調買買買的時代，我們擁有了更多。

想像一下，在以前沒有自來水、沒有電、沒有柏油馬路的年代，人們每天要做的事情就是種地、捕獵、打水、做飯，最關注的事情就是生存。沒有便捷的交通系統，不可能去太遠的地方；沒有太多的人際關係，因為聯繫不到多少人；更沒有電影、電視、電腦、網路，沒有網購、臉書、ＩＧ。我們也許會認為，那個年代物資匱乏，生活既不方便又無聊，那時的

人一定不如現代人活得快樂。

可是真的是這樣嗎？其實，如果生活在過去的某個時代，沒有見過未來，你的幸福感是不會比現代人低的。相反，現代人和古人相比，或者說當下的我們和童年的我們相比，幸福度反而降低了。雖然這個時代變得更加快捷、富足，但是人的幸福感沒有提升。

你發現，長大後品嘗了很多山珍海味，但吃東西永遠沒有小時候那麼香。

你發現，能去的地方越來越多，但沒什麼地方能夠讓你真正地放鬆快樂。

你發現，交通越來越便利，生活越來越方便，但我們和親人互相陪伴的時間變少了。

你發現，買了很多東西，但只有收到快遞的一剎那最快樂，甚至包裹一拆開，你就不再想要這個東西了。

很多衣服你從來不穿，很多化妝品你從來不用，買了很多書卻從來沒有讀過，很多食物放到過期還沒拆封。

我們可以重新總結一下：在現在這個年代，娛樂變得容易了，快樂卻變得稀缺了；擁有的已經夠多了，想要的房子有了，車子有了，婚姻有了，孩子有了，想努力的事情也在做了，幸福感卻沒有增加。

很奇怪，我們費盡心思地努力，收穫了那麼多東西，到後來居然不快樂，那些消費產生的快樂是如此短暫，稍縱即逝。

因為我們想要的是內心的快樂，一種來自內在的體驗。

既然是一種內在的體驗，我們就必須搞清楚內在到底有怎樣的問題和怎樣的機制，否則，我們只是透過外在去獲得、去擁有，永遠沒有辦法獲得真正的快樂。

內心的快樂是和心理預期有關的，心理預期則和我們的大腦有關。大腦的設定是不斷地抬高期望值，當有一個預期實現的事情時，我們會覺得不快樂，因為想得到的沒有得到，所以我們會不斷地努力，去購買、去獲得、去進步、去實現自己的目標，達到目的的那一剎那我們很開心，但是頭腦隨之會提高期望值。也就是說，當你擁有一個東西以後，大腦瞬間就會有更高的要求，你又會覺得不快樂了，擁有與欲望之間是水漲船高的關係。

我們的期望就像吊在驢子前面的胡蘿蔔一樣，永遠都搆不到。我們被馴化出了更多的渴求、更多的不滿、更多的貪婪、更多的囤積，最終獲得更多的欲望和不快樂，讓擁有和快樂之間永遠無法畫上等號。

【功課】極簡身心清理必要性評測

請對以下內容按照直覺打分數，將每題的分數相加，計算得分。

經常——2分　偶爾——1分　從不——0分

1.有很多衣物、鞋子放在衣櫥和鞋櫃裡從來不穿，或者很少穿。

2.容易過度購買，尤其是打折促銷的時候。買東西的時候很興奮快樂，但買來的很多東西並沒有真正使用。

3.喜歡在家裡囤積紙袋、瓶子、報紙、紙箱等雜物。

4.書架上有很多書都是不會看的，或者是過時的。

5.淘汰下來的電子產品，比如舊手機、光碟機、電腦等都放著，沒有扔。

6.總有很多東西，覺得沒有地方存放，扔了又捨不得，沒有好的處置方法。

7.家裡、辦公室裡的東西雜亂堆積，很難整理。

8.很難找到一個能讓自己放鬆靜心的空間。

9.雖然保存了很多東西，但是找東西的時候經常找不到。
10.每天看手機的時間超過四小時。
11.一週鍛鍊身體不到兩小時。
12.制訂的計畫、目標，總是很難開始或者很難堅持下去。
13.總覺得對這個時代、社會、人類有很多看法。
14.容易暴飲暴食；總是吃外食、速食食品；很少調理身體。
15.總覺得錢不夠用，有一種不安全感。
16.總是有各種焦慮、緊張的事情和念頭。
17.想到未來會有一種擔心和無力的感覺，總覺得有種不安全感。
18.覺得拒絕別人的要求、命令、請求很難。
19.很渴望獲得他人的認同，想在別人面前證明自己有多好。
20.很在乎社交網路上的按讚數和評論。
21.頭腦裡總是有很多念頭，無法控制。
22.睡眠品質差，睡眠淺，入睡困難或者失眠；睡前喜歡滑手機、追劇停不下來，導致熬夜。
23.能讓自己快樂的事情越來越少了。

24.有很多需要做、想要做的事，但是總覺得心力不夠，很難認真做好一件事。
25.花了很多時間在不必要的人際關係上，但是又很難取捨。
26.容易有抑鬱、沮喪的情緒；情緒波動大，容易對身邊的人發脾氣。
27.已經很久沒有靜心放鬆、反思自己的人生了。
28.對於曾經做過的某些事情，現在想起來還感到後悔、惋惜、內疚。
29.對過去的某些關係覺得難以釋懷（懷念或者深惡痛絕）。
30.想到疾病和死亡，會非常恐懼、擔心。

0～6分：你的生活井然有序，是大家的榜樣！
7～20分：你的生活已經開始失衡，容易分心，需要開始做清理和減法！
21～30分：你的生活處在雜亂和無序的狀態中，你極其需要調整自己的生活方式！
31～40分：也許你的生活已經陷在力不從心的狀態裡很久了，自己會覺得很難改變。
41～50分：生活過得心力交瘁，非常忙碌、混亂，趕緊學習身心清理！刻不容緩！
51～60分：真不知道你是怎麼挺過來的，你的人生需要一場徹頭徹尾的大清理！

PART 2

快樂極簡的祕笈——清理身外之物

真正的快樂其實很容易獲得——**只要清理身外之物**。從前忙於載入，現在適時卸載。透過捨棄、減少身外之物，清理所處空間，使之簡約有序，如此就能使我們的內在接近豐盈，初步品味真正的快樂。

01 外物由心造，從物品開始清理

大部分人對斷捨離的印象還停留在扔東西上，認為斷捨離就是「統統扔掉」。這樣的理解其實比較狹隘。

捨，是斷捨離中非常重要的一步，是對外物的捨棄。這一步相對來講比較容易操作，因為對還沒有內在清理基礎的人來說，從物品開始清理比較直觀易懂。

關於捨，日本斷捨離創始者山下英子有一個**「七－五－一法則」——看不見的收納空間，只能放滿七成；看得見的收納空間，只能放五成；給別人看的收納空間，只能放一成。**

即：平時不給人看的衣櫥、鞋櫃、抽屜等，只能放七成滿；看得見的書櫃、櫥櫃等，只能用五成空間放東西，其他都得空出來；公共空間，比如餐廳、客廳、辦公桌這些地方，最好只用一成空間放東西。

也許有人會說，那麼多空間不塞滿利用豈不是浪費？其實，不置滿的空間就像藝術創作中的「留白」，那才是其價值的體現。

想像你買了一間九十坪的大房子，裡面填滿了各種傢俱、飾品、雜物，你只能站在所剩無幾的空間裡，或者這九十坪隔出了三十個密密麻麻的房間，這樣的空間感，你喜歡嗎？

所以我們需要空間，空間代表好的能量場。這些空間就需要我們按照「七－五－一法則」一步一步清理得來。

㈠清理外在空間，直至賞心悅目

第一，清理客廳、餐廳

把在客廳、餐廳堆積的東西清理乾淨或者收起來。**清理要遵循公共空間的法則，即公共空間不要放置私人物品，不要放置長期不用的物品。**

長期不看的雜誌、小孩子的玩具、看了一半的書、吃了半包的薯條，為什麼要堆在客廳裡呢？有時候，客廳甚至變成了堆快遞、紙箱的地方。每樣東西都該有它的去處，快遞要及時拆開、處理，垃圾要及時分類清理掉。客廳可以有寵物，但也不應該把寵物用品都堆在客廳裡。

為什麼那麼多人喜歡住飯店？因為飯店潔淨、清爽，裝飾恰到好處，沒有多餘的東西。把你的客廳裡所有多餘的東西都清理出去，掃清地板，擦淨牆角，拭淨玻璃，讓你的客廳像飯店裡一樣清爽、漂亮。

餐廳也是如此，清理掉那些長期不用的東西和私人物品，讓它看起來是個乾淨、清爽、讓人有食欲的地方吧！

第二，清理廚房

廚房裡最容易堆積過期、變質的東西。

一位朋友的媽媽退休後沒事就去逛超市，遇到打折優惠就購買，囤積了一大堆雞蛋、米、油鹽醬醋等。老年人對這些食材的消耗本來就慢，到了年底，她家的櫥櫃裡、架子上，甚至灶臺邊，都擺滿了瓶瓶罐罐和塑膠袋，有的東西不僅過期變質，上面還落滿了灰塵、積滿了油漬，甚至還有蟑螂在上面產卵，油膩骯髒的程度令人觸目驚心。她的廚房裡還儲備了很多不常用，甚至一次都沒用過的餐具和廚具。

這其實是個很普遍的現象，我們日常用到的餐具和廚具並不多，廚房裡囤積的東西，六十%以上是為接待客人準備的，然而客人來訪的次數總是屈指可數，所以大部分餐具、廚具、調味品等，都被堆在一邊，極少被「臨幸」。

有些人喜歡用各種烹飪設備，買各種新奇的優酪乳機、豆漿機、麵包機、榨汁機、烤箱、攪拌機等，它們的確偶爾能夠幫上忙，但也占用了很大的空間，這就導致廚房看上去總是很擁擠、不美觀。廚房是烹飪食物的地方，吃到嘴裡的東西，必須要有一個乾淨整潔的「生產地」。

第三，清理書桌

許多人的書桌，電腦、書、雜物堆得滿滿當當，每次去桌前辦公時，心情就跌到谷底，看書、查資料、做PPT的效率也莫名地低。倘若你也有這樣的狀況，可以嘗試做斷捨離，把書桌上所有不常用的東西、不實用的擺設都清理掉，只留下一臺電腦、一只水杯和一架書。

整理前的書桌讓人覺得擁堵、氣悶，斷捨離後則讓人覺得舒服、愉悅，坐在它前面辦公，工作起來很舒服，效率也會提高。

第四，清理床鋪

有些人喜歡在床上隨意扔睡衣睡褲，甚至是髒衣服，床鋪永遠像剛有人在上面睡了一覺一樣凌亂不堪。有人喜歡在枕頭底下堆東西，充電器、髮圈、藥品、零錢等等，這些物品又髒又對身體有害。還有人的床頭櫃上擺滿了書籍、遙控器、營養品、小禮物、桌曆、照片、鬧鐘等雜物，很難有一塊空地用來安置真正用得上的物品。

床鋪是人安睡的空間，關係著第二天的能量。床上只應該有舒適的寢具，床頭櫃上可以只放一盞檯燈，每天睡覺前也可以把手機放在這裡。保持臥室的空白，因為空白可以降低精神熵，它的有序和簡潔會讓你覺得舒服。

第五，清理陽臺

由於居住條件的限制，陽臺是最容易堆積雜物的地方，很多家庭中，雜物、洗晾的衣物、破損的物品等基本都會放在這裡。許多人還喜歡在陽臺上放置洗衣機、兒童玩具等，使陽臺凌亂不堪，影響家庭的美觀、舒適。

對你的陽臺進行澈底的清理，把不要的、破損的物品扔掉，其餘物品也歸置到原位，你可以在陽臺上擺放一些植物。之後你會發現，你很愛待在陽臺上賞月觀星。

㈠清理你對物品的執著和不捨

除了清理這些外在的空間以外，還需要**配套地清理你的一些觀點**。因為，這些觀點不清理掉，你的物品是扔不掉的。

第一，東西還有用就不能扔掉，不能浪費，否則有罪惡感

以前的教育觀念是不能浪費。杯子又沒有破，還可以用，為什麼要扔掉？各種還能用，但是不喜歡也不想用的東西丟掉了是不是太可惜？其實，「有沒有用」這個概念需要重新審視。你喝過的礦泉水瓶有沒有用呢？當然有用啊，可以剪一剪拿來澆花，可以儲存糧食；但是扔掉它，讓需要的人撿去回收換錢，維持生活，更有用。

有人常常吃剩菜、剩飯，覺得食物寧可倒在肚子裡，也不能倒在垃圾桶裡，絕不能浪費。其實，這些所謂不浪費的食物，吃多了以後都變成你身上的脂肪，殘羹冷炙把你的身體搞垮，更要花錢看病。是人的健康重要，還是一堆剩菜重要？相信聰明的人心裡都已經有了一個正確的答案。

當你秉持著「有用的東西不能浪費」的觀點時，還會產生一種現象：你走在路上，會發

現有用的東西很多——別人扔掉的衣服、袋子、瓶瓶罐罐、螺絲釘、塑膠、金屬片……你不光不扔自己的東西，還要基於不能浪費的觀念，讓家裡增加很多幾乎用不到的物品。我們好不容易買了套房子，卻把房子經營得跟垃圾堆一樣，這難道是一種節約嗎？這才是最大的浪費，因為你的空間能量全被那些最不值錢的東西破壞了。

這麼做是因為片面地理解浪費和節約，我記得有個同學和我說過：「老人愛撿、囤廢品這件事，我覺得只要不影響家裡的居住空間與體驗，是很值得提倡的。我現在對社區裡撿廢紙箱的老人都會高看三分。也許他們是出於物資匱乏在撿，但是廢品回收、重複利用這件事，對地球來說是功德，也是斷捨離理念的精髓。我覺得別墅車庫裡放廢舊紙箱板，也是一道別樣的風景呢。」

他說得有道理嗎？當然有道理，如果他覺得廢品回收是他生活中最重要的事情的話。

難道我們不往家裡搬廢品，這個社會上就沒有人回收廢品了嗎？當然不是。我們不去把各種紙箱、瓶瓶罐罐撿回來，不代表我們不環保，因為我們只需要做好垃圾分類，分類後的廢舊物品會進入回收環節，不會浪費。我們可以把廢舊物品整理好，送給做資源回收的人，這些廢品換來的錢雖然不多，但可能正是對方需要的。這樣一來，我們可以把自己的注意力放在更加重要的事情上，不是更好嗎？

關於浪費與節約的觀點，最近我還發現了一種更有意思的看法。我認識一個人，起初她對物品清理實踐得還不錯，她把除了必需品以外的東西，該捐獻的捐獻，該丟棄的丟棄，該送人的送人，把房子騰出來一塊好大的空間。可是這時，她突然慌了，覺得這麼大的空間看著空蕩蕩的，不是浪費嗎？

清理出來的空間放著不用是否就是浪費呢？我勸導她，可以設想一下，如果妳家門口有片大草坪，妳會在上面種滿樹嗎？草坪有草坪的美麗和作用，不需要變成茂密的叢林。

家裡面也是如此，妳買一間大房子，用的是裡面的空間，而不是用東西把空間堆滿。房子的主要用途是給主人提供一個舒適的環境，而不是主人把自己的位置讓給雜物，把自己的生活過得憋屈壓抑。堆滿東西看似沒有浪費空間，但增加了你的精神熵，損耗了你的生活狀態。空間騰出來既有留白之美，也能拓寬心境，讓你身心愉悅沒有壓迫感，就不是浪費。

我們要把空間從倉儲功能提升到生活美學的高度。前者可以參考物流中心的倉庫，追求儲存率最高；後者可以參考博物館、星級飯店，追求居住者的內在愉悅度最高。

第二，新買的或者很貴的東西捨不得清理

比如說，已經有支很好的手機了，但過生日時，朋友又送了你一支嶄新的手機；別人送

的嶄新的餐具、化妝品、包包雖然不喜歡用，但很昂貴。怎麼辦呢？統統擱置起來。

看看你儲藏的那些全新的，或者很貴的，但你從來不用的東西，你已經被物品占據了，而不是你占據了物品。物品雖然有成本，但是空間、時間、能量、心情也都是成本，你能在家裡堆多少全新、很貴但不用的東西呢？

那些嶄新的物品不用就沒有損耗？當然不可能。尤其是電子產品，升級換代得很快。電子產品之外的物品，雖然沒有升級的問題，但大多放久了以後都會自然老化。

第三，由於不安全感，覺得說不定哪一天可以用上

很多人都有這種心態，尤其是年紀大的人，覺得家裡囤的那些水、米、油、鹽、肥皂、衛生紙，乃至瓶瓶罐罐，總有一天會用上。但其實以現在這個社會的商品流通速度、網購的便捷度，想要的東西幾天、幾小時，甚至幾分鐘就送到了，囤那些東西在家裡放到過期，實在不划算。

房子是住處不是倉庫，你把所有需要的東西都放在裡面，家就變成了倉庫，住在裡面的你就不再是主人，而成了倉庫管理員。

更何況，很多東西囤積時間一長就會變質，有時由於儲存的時間太久，還會忘記。

第四，覺得這是別人送的，代表一份情意，沒辦法清理

這是我的同事送的，這是我以前的好朋友送的，雖然這些東西我不喜歡也不實用，但沒辦法，畢竟是一份心意，不能清理，只能放在那兒，但是占著地方心裡又不舒服……。

這種情況很普遍，也的確讓人為難。我不止一次被問到，別人送的禮物是份心意，但很占空間，很想扔掉，該如何是好。

甚至有一次，一位學員直接拿著別人送的加溼器來問我。我對他說，你可以想像你已經把對方的心意收下了，已經把對方對你的情誼、關心、愛護，統統收下了、感受到了、記在心裡了。剩下的只是一個已經屬於你的物品，可以任憑你處理。你把這個加溼器轉送給其他更需要的人，不是更能物盡其用嗎？

上面這些觀點，都是需要你去清理的。

㈠清理身外之物的六個原則

第一，你才是主角

即便面對一個嶄新、貴重的包包，你也仍然是主角——你不想用這個包包，那麼它就得被清理掉，而不是作為主角的你去遷就、容忍它。

假設一下，你作為主人住在自己家裡，這時候外面跑進來幾個人，說想住在你家不走，你當然不會同意，當然要把他們趕走，這是多麼自然的道理。所以，如果是你不想用的物品「住」在你家裡，作為主人的你當然有權力讓它們換個地方，這就是所謂的「我用」。

第二，囤積是匱乏，不是愛惜

你如果學會了愛惜自己，就不會為東西感到可惜。人生短短幾十載，我們要愛惜自己、愛惜當下的時間，把每一天都過得精緻一點、美好一點，不要把自己家當成專門囤積各種物品的雜物間，該清理掉的東西要毫不吝惜。

第三，拋棄與否決

以下幾樣東西是要堅決地拋棄和否決的：

1. **帶來負能量的東西**：比如，破破爛爛的窗簾、冒著木刺會扎手的桌椅、破舊塑膠袋等，只要是看到以後感到心情不好的、勾起不堪回憶的、很髒的、帶來不舒服感覺的東西，就要做清理。

2. **長期不會用的東西**：你放了很久、絕少使用的東西，也可以清理掉。因為空間也是成本，長期擱置占據空間帶來的不舒適，其實讓你損失得更多。

我家裡以前囤了很多書，因為我想以後把這些書送給我的小孩或者其他人。書越積越多，書櫃都放不下了，甚至占據了客廳、臥室、陽臺等地方。書太多到處放、到處塞，以至於我要找一本想看的書都很難找到。後來，我想幹嘛要囤積這麼多書呢？一本書不過兩三百元（以前的書更便宜），以後如果小朋友想看書，完全買得起、買得到。更何況以後的人也不一定看紙本書，他們可能都看電子書，甚至聽書了。再者，這些書都囤得發黃破舊了，落灰積菌也不衛生了，為什麼要留著它們占用我的空間呢？

於是，我把一部分書或賣掉，或贈送，把書櫃整理得更加整潔有序，每次我要找想看的書都非常方便。至於那些清理掉的書，其實我也從來沒覺得有再購買的需要，因為我的知識和理解也在不斷升級，很多以前的書現在已經不感興趣了。

第四，好東西應該馬上使用

小時候父母經常說，這件衣服等到過年再穿，這個書包等到你開學了再用，這個床單留給你長大以後用……這些話總讓我們有一種匱乏感，總覺得這些東西會不夠用。其實我們需要活在當下，每一天都認認真真、全心全意地去活，那些最好的東西現在就要用，不要等到以後再用。否則我們總會有一種心理，認為當下不應該是最好的，不會是最好的，我們需要在未來的某一天才能歡慶，才能放鬆。不對，我們應該每天都讓自己處在最好的狀態裡，既然有你最喜歡的東西，既然你是值得的，那麼現在就可以用。

第五，總量不變，淘汰升級

舉個例子，你給自己的規定是只能擁有十雙鞋子，你現在有二十雙，需要處理掉十雙。以後你還想要買新鞋子怎麼辦？很簡單，每購入一雙鞋子，就得清理掉一雙鞋子，這叫總量限制。

第六，任何地方都要留白

有留白的地方才是好的能量場，堆得滿滿的是倉庫。

清理出來的物品有以下幾種處理方法：

1. 沒用的東西丟掉、賣掉。

丟東西不能亂丟，因為我們要考慮環保問題。雜物分類放到垃圾桶，或者賣給資源回收站。

有些你覺得沒用但別人可以用的物品，可以整理好發布到當地社團、贈物社團，送給有需要的人。

名貴的物品可以在專賣二手物品的網站上賣掉，珠寶、名錶、手機、筆記型電腦也可以透過拍賣變現。

2. 帶著快樂送出去。

我自己有時候會收到很多朋友送的零食，但我其實不太喜歡吃零食，於是我把零食送給公司的小夥伴或者身邊的朋友們，他們很快樂，我也很快樂，兩全其美。

舊衣服可以捐贈給公益單位，或者流浪動物之家，書可以捐獻到圖書館或者學校。做公益、行善事何樂而不為？

3. 剩下不想處理掉的、有用的、需要的物品，就分類整理歸位。分類就是按照物品的不同屬性分別歸類；整理就是在做好分類的基礎上，按照物品的厚薄、高矮、大小等，有條理、有秩序地擺放；歸位就是將所有的東西放在它該在的地方。

(一) 物品清理的進階方法

七步法掃除力：創造愉悅的能量場

日本人比較喜歡整理和收納，《掃除力：邁向成功的神奇魔法》一書中提到了「打掃魔力」的概念，講述了如何透過五個步驟，把身邊的環境整理好。

作者舛田光洋提出的五個步驟分別是：**換氣**、**丟棄**、**去汙**、**整理**、**撒鹽**。其中「撒鹽」的目的是祛除負能量。舛田光洋透過這五步整理環境，再秉持對空間抱有的積極樂觀的心態，增加正面能量，讓生活中的煩惱都慢慢遠離，從而成就事業、成就美好的關係，提高收入，實現人生的夢想。

的確，我們在外物清理當中，無論是整理收納物品，還是用打掃魔力進行清理，清潔的其實不僅是自己居住的空間，也是自己的人生，掃除的也不光是汙垢，還有自己的負面能量。

那麼適合我們的「打掃魔力」是怎樣的呢？我把它歸結為七步。

＃第一步：拍照

拍照是因為我們需要去回顧對比。做回顧對比是為了留下更好的感受，強化清潔後的愉悅感。

＃第二步：打開窗戶

舛田光洋說，很多家庭環境之所以凌亂，是因為有一個重要的通道沒有打開——窗戶。要注意採光，讓光和氣都能夠進到家裡面。

其實不光是打掃的時候，住家或辦公室，每天都需要採光換氣，這是很簡單也很重要的一個步驟，用於更新室內的空氣和光照。

光和氣不僅能夠給空間帶來光明和清新感，同時也是一種能量，而吸收外界能量能夠降低自身系統的熵值。

＃第三步：丟棄

丟棄就是斷捨離，就是把那些不好的、不用的東西，整理出來丟掉。

＃第四步：去汙

去汙跟丟棄不一樣，丟棄只是把物品整理、分類、處理，去汙則是對整個空間進行清掃。去汙是一個很鍛鍊心性的工作。試想一下，你房間的犄角旮旯積滿了灰塵、蛛網、垃圾，甚至是昆蟲屍體，這時如果你能夠親自動手，認認真真地把每一個角落都打掃乾淨，你會發現你整個人的狀態也得到了調整。

當你真的能夠從頭到尾把你的物品、空間擦拭、打掃得一塵不染時，你就會發現自己對潔淨、極簡的感知力增強了很多。

如果你靠近已經打掃過的地方或清潔過的物品時，內心還是有一絲絲抗拒，覺得有哪裡還是不太舒服，那麼你還需要再努力一下，直到打掃到你真正如釋重負為止。家裡面的物品因為你的打掃而變回了嶄新的樣子，會讓你感到自己就像一個法力超群的魔術師。

#第五步：整理

物品分類後要歸位，放到其應在的地方。

#第六步：清潔身體

把自己的身體從頭到腳清洗乾淨，換上潔淨的衣服。不要穿破舊的衣服，尤其是內衣、襪子不可有破洞，打扮得體是很重要的。我們需要留意一下，自己是否也跟房間一樣，被清潔得乾乾淨淨。

#第七步：回顧對比

對比第一步拍的照片，看一看整理過的地方是否已經煥然一新、令人賞心悅目，是否形成帶給你愉悅的能量場。

七步法掃除力：對隱蔽空間進行第二輪清理

根據以上的七步法，對家裡比較隱蔽的空間，我們可以進行第二輪清理。

#廁所

廁所是極其重要的場所，一家公司或者一處居所的場域能量好不好，先看廁所。廁所髒亂臭，勢必影響場域能量。

我在美國一位著名心理學大師的家裡，見到了令我震驚的廁所。他們家廁所裡鋪的居然是木地板，馬桶直接鑲嵌在地板上，打掃得極其潔淨，上廁所的人也會極其小心地維護廁所的潔淨。他的廁所不像一個排泄廢物的地方，反倒更像一個可以修行的地方。

走進你的廁所，看它是否也帶給你賞心悅目的感覺。如若不是，那你就需要進行一次澈底的清掃了。馬桶裡外、洗手檯上下、浴缸等，所有藏汙納垢的地方，都要清理到位。

洗手檯、置物架上是否有很多化妝品已經過期或者不用了？把它們清理掉或者收起來，不要放任它們在那裡蒙塵積菌。看看你有沒有一些破舊的東西還沒有處理，比如牙刷、毛巾。很多老人的牙刷比皮鞋刷子還要破舊，甚至整個刷頭都已經炸開了花，還在用。

滿是洞的毛巾要及時換新。有人喜歡把陳舊的洗臉毛巾鋪在地上當抹布，這本身沒有錯，但是也要注意一下，看用這個東西能否給你帶來良好的感覺。

浴室裡的浴簾和腳踏墊，有的人幾年、十幾年都不更換，甚至都發霉了；馬桶用的時間長了以後，馬桶蓋也是會破損的。這些東西都應該定期更換成新的，因為一來這些東西用久了積累細菌對身體不利，二來你也需要透過換新來給自己的家和自己帶來美好的感覺。

衣櫃

衣櫃是一個整理起來難度較大的地方，因為裡面塞滿了不同時期、不同季節買來的各式各樣衣物。衣服可以做如下分類：

1. 不穿的衣服：可能是舊衣服，也可能是不想穿的新衣服。
2. 勉強能穿的：不喜歡穿，但因為某些情況沒辦法要繼續穿著的；沒有同類型的、限量版、難再買到的，你雖然不喜歡，但覺得扔掉可惜、還可以將就穿的衣服。
3. 你喜歡，但是已經太破舊需要更換的。
4. 覺得不錯，但不知道如何搭配，所以一直放著沒有穿的。
5. 非常喜歡，乃至捨不得穿的。

將衣服按這五類整理出來後，前三類哪怕忍痛也要清理掉；後兩類哪怕捨不得穿，也要穿起來、用起來。

現在你可以理解，為什麼早幾年我們讀到報導說，在發達國家的垃圾桶裡能撿到電視、新衣服了。其實很簡單，他們在淘汰，在更新換代，房間裡放不下的物品當然要清理掉。

#書籍

有的人對書籍有特殊的情結，因為書代表著知識和學問。好像家裡面堆滿了書，主人就很有文化素養，其實這只是一種良好的自我感覺而已。

書籍當然也需要清理。

有的書娛樂性強，比如一些武俠小說、民間故事、書摘雜誌，你看過一遍可能就不會看第二遍。

有的是專業用書、課本教材，你需要長期儲備，便於資料查閱和學習。

還有一些是經典文學、哲學理論等深刻的書，有時需要找出來溫故知新。

你要看哪些書是你以後再也不想讀的，哪些是可以常備、比較有用的，把它們分揀出來。

有些書看著很有用，但是重讀的機率極低，比如有些你覺得很好的經濟學、潮流文化、網路等跟時代背景結合的書，在這個瞬息萬變的社會，它們大部分在半年之後都會過時無用，這些書你也可以分到不再讀的類別裡。

整理書的時候，你可能會發現，有一類書是你為了裝虛榮、應對焦慮而買，但是從來不看的，把這些都整理出來賣掉，或者送給朋友、捐給圖書館。

喜歡但是還沒有看的待閱書籍，儘快看完。看完之前先別買新書，購買總是容易，但時間很貴，不要養成買很多書但很少看書的壞習慣。

#抽屜、鞋櫃、冰箱、藥櫃

這些地方就像是廢品儲藏室，你隨便去翻檢一下，都能找出一大堆需要扔掉的東西。舊手機、電器說明書、二十世紀的MP3或MP4、過期的藥品、包裝盒、絲帶、絨毛玩具、壞掉的手錶、紀念品、瓶瓶罐罐、毛線團……有時候隨手拉開一個抽屜，甚至會驚見蟑螂臭蟲爬過。

這些地方要清理到怎樣的狀態呢？

拉開抽屜或櫃子，應該：第一，它們看上去簡單、乾淨，很舒服；第二，物品都在該在的地方，比如文具在文具該在的地方，工具在工具該在的地方，食品在食品該在的地方，分類有序；第三，留有適當空間，而不是都塞滿。

出門攜帶的包包、汽車後車廂，都形同移動的收納櫃，也要妥善地清理。

塞滿了文件、筆記型電腦、口紅、紙巾、隨行杯的包包，放滿礦泉水瓶、零食、兒童玩具的汽車後車廂，都要清理乾淨。

空無一物的境界

很多人對空間清理無所適從，覺得每樣東西都有用，都捨不得扔掉，清理一遭後發現還是跟原來差不多。那麼我們最終要清理成什麼樣的狀態呢？

有部日劇叫《我的家裡空無一物》，劇中的女主人公麻衣有極其偏執的整理欲望。她喜歡空蕩蕩的屋子，對她來說，不需要的東西就要果斷扔掉，她將「斷捨離」做到了極致甚至變態的地步，她總是抓緊一切機會收拾與整理。儘管她有一點偏執，但我們從她身上也能學到不少收拾整理之道。

她整理的第一步就是扔東西，只要發現稍顯無用的東西就要扔掉，就連她丈夫送她的第一個生日禮物、結婚時的對戒、紀念冊都被扔掉了。她給自己設計了一個「**扔東西的K點**」，每當猶豫是否該扔東西的時候，她都會跨越扔東西的K點，最終獲得了空無一物的生活空間。

為什麼要學習這種空無一物的境界？因為我們的清理往往到了一定程度以後就沒辦法繼續深入，我們會被很多觀念束縛躑躅不前，所以我們需要看看別人做到的清理的極致。

不要小看清理到極致，當你把一個空間清理到這種狀態，你的身體、信念、能量都會隨之發生變化。

有個朋友在獲知「斷捨離」這個理論以後，回去先把她的餐具進行了一次澈底的清理，只留下他們一家三口必需的餐具，其餘全部處理掉了；又把追蹤的帳號也做了清理，只留下每更必讀的寥寥幾個；然後對自己的衣服、鞋子規定了一個數量，多餘的也都清理乾淨了。

僅僅是做了這幾個部分的清理，她就感覺神清氣爽、輕鬆愜意，拋棄了被太多東西黏著的煩躁、焦慮，澈底愛上了簡單的感覺。由此可見，清理真的會讓人生有所改觀。

兩輪清理法

不過，你如果很難一下子達到空無一物的境界，可以用「兩輪清理法」循序漸進地清理。

第一輪清理

先把容易清理的、確定不要的物品處理掉。整理順序由大到小，由衣服、書籍到小物品、紀念品。第一輪清理以捨棄、清理為主，先不要忙著收納整理。把那些沒用的、過時的、有用但是現在不用的東西，統統扔掉。可以用但是已經有備用的，扔掉其中多餘的，比如說你有兩套茶具、三套護膚品，你就可以清理掉一部分，同時遵循「七－五－一法則」。

#第二輪清理

第二輪清理的出發點，從第一輪清理的考慮扔什麼轉為考慮留下什麼，這就是怦然心動的原則。

有一本書叫作《怦然心動的人生整理魔法》，介紹了「一旦整理，就不會變亂」的整理方法，教我們按照心動的標準選擇物品，按照先丟東西後收納的順序，對不同類別的物品進行一次性、短期、完善的整理，使人透過整理找回人生決斷力，找到最初的夢想，找到怦然心動的幸福人生。

第一輪清理的時候，你會關注某個物品重不重複、有沒有用，如果這個物品沒有破損、尚有用途，你可能會把它留下；在第二輪清理時，針對同樣的物品，我們關注的不是有沒有用，而是它讓不讓自己心動。如果它無法讓你心動、喜歡，那它就是需要被清理的。在這個階段，要挑選讓你心動的物品，而不去考慮它有沒有用。

在第二輪清理中，對第一輪清理留下的物品，你需要重新整理一遍，問每一件物品幾個問題：「我喜歡用你嗎，我以後會經常使用你嗎？」如果答案都是不，就進入下一個問題：**「你有沒有其他不被扔掉的理由呢？」**要注意的是，「以後會有用」、「不能浪費」、「太貴」等都不能成為這個問題的答案。答案如果是「雖然我不喜歡這個茶杯，但如果將它降級成為一個漱口杯還挺高檔、挺漂亮的」，那它就有了留下來的理由。

或者有些東西可以很快地用掉，不會長期占用地方，比如面膜還有兩張，當天就可以用掉，那也可以不被扔掉。

在第二輪清理的過程中，你每天都要隨手清理，看到任何物品都要問：「**我喜歡你嗎？我看見你心動嗎？你有充分的理由待在這裡嗎？**」透過這個方法，你就會慢慢地接近空無一物的境界。學會了選擇怦然心動的物品，久而久之形成良好的習慣，你就再也不會隨便把什麼東西都拿回家了。

●　●　●

下面舉個例子，闡明怦然心動整理法的整理程序。

有個同學對原本堆滿雜七雜八物品的書桌進行了整理，把那些沒用的筆、紙、玩具、食物等都收拾完了以後，桌上只剩下疊得整整齊齊的一疊書、一個桌曆、一盆紫色的假花，這是第一輪清理的結果。

第二輪清理的時候，他就對著假花發問：「書桌上需要一盆假花嗎？我喜歡這盆假花嗎？這盆假花很漂亮嗎？如果把它清理掉，書桌會更好看、更乾淨嗎？」他對桌曆問道：「我需要桌曆嗎？我會在上面寫下日期嗎？我平常把待辦事項都記在手機裡，那為什麼要擺個桌曆呢？」然後，他看向那疊書：「這些書為什麼會在我的書桌上，是常用的嗎？是我每天需要看的嗎？每天需要看的書有那麼多嗎？」

怦然心動整理法，就是每一件物品都要有它可以被留下的百分之百的理由，否則就應該被清理掉。

不過這裡也出現了一個比較好笑的故事。一位學員遵循怦然心動的原則，發現家裡的大多數物品都需要清理掉，為了達到空無一物的境界，再加上覺得太多物品都沒有存在的意義，以至於他把孩子正玩得起勁的玩具、每天睡前都要閱讀的童書都清理掉了，然後又悔不當初地重新購買回來。

我聽聞後啼笑皆非，明明這些物品已經有了充分的理由可以被留下來——「正在使用，非常有用」，卻被主人忽視了。所以做清理的時候一定要注意鑑別，不能非理性地為了清理而清理。

【功課】怦然心動的整理法

1. 觀看日劇《我的家裡空無一物》，讓自己感受物品斷捨離至「空無一物」的境界。
2. 怦然心動的整理法：清理已經清理過一輪的空間。

＊記住怦然心動的原則：這個東西是否讓「我」心動？焦點是有哪些讓你怦然心動的東西值得留下，而不是某個東西沒用了需要扔掉。

＊問每個物品以下幾個問題，然後根據自己的判斷做出清理。

- 我喜歡用你嗎？
- 我對你足夠滿意嗎？
- 你能給我帶來很好的感覺嗎？
- 我以後會經常使用嗎？
- 你有充分的理由留下來嗎？

02 難以割捨的物件裡，有你怎樣的情緒？

我們碰到難以清理的東西、遇到難以抉擇的時刻，就需要瞭解斷捨離的高階祕笈。

首先是關於斷捨離的「斷」字訣。

「斷」字訣的關鍵就是「不見可欲，使民心不亂」，這句話來自《道德經》，意思就是，**想讓你的心思澄澈不被擾動，就不要看見足以引起你欲望的事物，儘量遠離引起欲望的場合**。

減少物品到你家裡、到你身邊的機會，這就是「斷」。

經常有朋友困於不停購買的欲望來求解，其中一個朋友，由於購買欲失控，每天都線上線下不停地買買買，本來薪水並不低，卻買到沒有積蓄，買到負債，買成一種病態，苦不堪言。他首先要做的，就是實踐「斷」字訣，透過斷絕看到商品、拒收促銷打折資訊等，來斬斷一些購買的誘因。我們現在所處的社會，電視上、App上、電梯間、地鐵站裡等地方，都被投放了大量廣告以激發我們的購買欲，即便你不主動去購物的場所，也很容易收到商品資訊。如果你平時沒事就打開蝦皮、淘寶等購物網站閒逛，看著看著就會買東西，那麼不被擾動的方法，就是儘量遠離這樣的場合。

㈠購物車延遲法：遏制不理性的購物需求

網購時，把挑好的商品放到購物車裡，然後離開購物網站，不要立即付款，先等待幾天。過幾天再打開購物車去看，你會發現超過六十％的商品你已經不想或者不需要購買了。買書亦如此，先把挑選好的書放到購物車裡，不要立即下單，過個十天半個月再去看，很多書你已經不想看了。

人在看到商品的時候購買的欲望是最強烈的，過幾天後，不理性的購物需求會下降，購物車裡的很多東西就不再需要了，這就是購物車延遲法的原理，透過這個方法可以從源頭上減少家裡的物品。

所以，為了避免過度購買，我們可以用購物車延遲法，然後結合**「進一出一」的原則**，即每購入一件物品，同類型的物品就要清理出去一件。再則，儘量不要購買成套的、占據空間的物品，比如成套的書，大型空氣濾淨器、加溼器、廚房設備，巨大的玩具，等等。

(一)「捨」的重要方法和原則

關於「捨」，有以下幾個重要的方法和原則：

1. **物品類別整理法和場所類別整理法**：平時我們整理房間，可能只是把物品在原來的空間進行整理，需要某樣東西時還是會找不到。所以，首先要按物品類別整理法，把同類的物品都拿出來放在一起，然後給它們規定一個存放空間，比如文具、零食、電子設備、衣服、藥品各自應該放在哪裡，不同的物品按照類別在不同的空間存放，這樣以後找東西、清理東西都非常方便。

2. **存放的相關性原則**：比如，茶葉放在茶具附近，清潔用品靠近洗衣機放置，這就是存放的相關性原則。

3. **當心收納陷阱：**有時候，我們把很多東西整整齊齊地放在箱子裡、櫃子裡，雖然看上去整理乾淨了，但它們有可能會變成一個新的「垃圾堆」。有的東西很難被分類、整理、清理，於是都被放在一起，擱置在收納箱裡面，很快你就會發現，這個收納箱變成了一個你永遠不想打開的冷宮。

4. **充分理由原則：**如果你發現一件物品是可扔可不扔的，那麼它就有九十%的可能性是可以被清理掉的。

5. **現在就用原則：**喜歡的東西、你覺得最好的物品要立刻使用，而不是囤積閒置起來。像那些精緻的飾品、餐具，昂貴的衣服、領帶，名牌的包包、筆，別人送你的好物，都應該馬上用起來。現在不用的東西，有很大機率以後也不會用，與其逐漸變舊貶值，還不如立刻使用或把它送給親戚朋友。

● ● ●

當然，在捨棄物品的時候，最重要的原則還是**怦然心動的原則：留下某件物品，不是因**

為它有用，而是因為它讓你心動、令你滿意。

的確，有些物品，對某些人來說是很難捨棄的，比如別人送的生日禮物，學生時期的通訊錄、往來信件、畢業紀念冊，老師、同學寫評語的手冊，獎狀，同學間互傳的紙條，收集的卡片，成績單……等等。疊加了私人記憶和情感的物品，比如父母、孩子、前任男女朋友、親朋好友留下來或贈送的物品，尤其難清理，其中充盈著不捨和思念，很容易被保留下來。

有位寶媽在實踐極簡清理的時候，遇到了非常大的阻力，幾乎所有的物品都難以捨棄。比如一只陪伴了她很長時間的行動電源，從考上研究所到畢業工作，再到如今到處出差，雖然已經不怎麼蓄電了，但她就是覺得這只行動電源上滿滿都是她奮鬥過的回憶。孩子的物品就更不用說了，比如孩子的絨毛玩具，雖然已經破舊，但是陪伴了孩子成長。很多物品雖然現在沒用了，但它們是自己青春年華的見證，在某種意義上已經成為自己的一部分，拋棄它們就如同拋棄自己，心裡會很悲傷，所以就捨不得扔，任憑這些物件越積越多。

原因在於她把太多注意力、心力都放在了過去，其實自己和孩子就在這裡，就在現在，每天都在不停地成長，過度關注過去會錯過當下，產生新的遺憾。並且，人生就是一個捨棄的過程，最終一切東西都帶不走，所有的東西都會清空，現在留的那些東西最終還是要被扔掉。

我們想把舊物留到老態龍鍾的時候拿出來翻看，感慨曾經的歲月，重溫過去的歡樂和遺憾，執著地藉由物品保留某段記憶，貌似沒有什麼不對，很多人都會這樣做。但記憶究竟能保留到什麼時候呢？

其實記憶、往事、情感等，並不會隨著物品的消失而不見，它們的存在並不需要你用物品去證明。如果有些經歷被遺忘了，那也是很正常的，我們應該注重的是當下、此刻的體驗。我們還需要明白的是，最終所有的記憶都是帶不走的，我們不需要為老年的自己準備那麼多舊物，記憶的行李箱不要塞得過滿，因為最後什麼都會被清空，什麼都無法留下，包括記憶。

極簡清理的精髓是讓我們明白，我們在這個世界上最終一件物品也帶不走，一段感情也留不下，一段記憶也存不住，所有的一切都會被清空，人生的終點是一場聲勢最為浩大的斷捨離。

我們真的在清理物品嗎？我們真的是為了清理物品嗎？不是的，我們真正的意圖是看見自己的內在、自己的時間、自己寶貴的人生，認識到自己該如何珍惜短暫的每一刻。我們如果不放下、不捨棄，又如何前行呢？就如同電影《少年Pi的奇幻漂流》中所說的：「All of life is an act of letting go」，人生也許就是不斷放下的過程。

如果知道一切都終將逝去，你就不會想牢牢地抓住某一個人、某一段關係、某一段記憶、某一件物品，你就會真正學會感恩此刻，無論此刻是好是壞；你才有可能讓自己的心智覺醒，讓內在充實而快樂。所以，當真的開始捨棄的時候，你才能真正知道什麼叫活在當下，你才能夠珍惜現在擁有的每一刻，否則，你儲存了太多過去的記憶，就很難好好地生活在當下。

有位朋友跟我說，他以前情感比較麻木，對珍惜歲月和身邊人沒什麼意識。直到上了年紀，有一次極簡清理的時候，勾起了以前的種種回憶，發現自己錯過了太多事情，包括孩子的重要成長階段、父母最需要陪伴的時期等等，頓覺遺憾不可彌補，緊接著就是悲傷，哭泣不止，完全沒辦法繼續清理下去。

極簡清理的目標，其實就是透過清理物品，去掉這種憂傷的回憶、不好的過往。他需要的就是對這些遺憾說再見、做了結。我讓他想想看，古往今來，地球上出現過的人有幾千億不止，誰的人生沒有遺憾，誰的人生全是快樂，誰的人生只有成功？所以面對遺憾，要告訴自己：「人生難免有遺憾，我接受這個遺憾，但這個遺憾我已經經歷過了，現在我可以把它放下，把以前的物品都清理掉，轉過頭來看現在、看未來了。」把物品清理掉之後，他發現沒有什麼引子可以再把他的遺憾勾出來了，這才明白活在當下究竟是什麼感覺。

生命是一個不斷經歷、放下、向前的過程。如果能體會到你只是人生遊樂場上的一個過客，終有一天要離開，你就不需要攜帶太多的東西，你需要的只是少量心愛的隨身行李而已。學會了「捨」，才有可能真正地「得」，因為你知道每一刻都是如此珍貴，每一刻都可能是最後一刻；你才會真正看見眼前人，珍惜你們之間的關係，因為你知道這些關係也隨時可能失去。

想像一下，你身上裝滿了各種各樣的東西——權力、財富、地位、名譽、關係、回憶、健康、情感——面向未來前行，你妄想把身上的所有東西留住，於是恐懼和壓力倍增，因為你的執著之心太重，什麼都不想失去，到頭來畏首畏尾、患得患失。

換一個畫面，想像我們面對的未來，那個遠方充滿了各種不確定性，但是現在你決定開始斷捨離，你把身上的一切都進行了清理，你的內心不再執著於攫取，你只是單純地去經歷，因為你明白所有人在最終的地方，人生的一切都會被收回。這樣的你面對未來的時候，內心明淨，胸懷坦蕩，無所畏懼。

囤積是因為我們想透過外物的延伸讓內在膨脹，這是小我的運轉機制。當透過極簡清理把內在清理乾淨時，我們會發現那個小我的擴張和膨脹，只是一種出於恐懼的攫取。內在其實無法隨著物品的豐富而豐富、隨地位的提高而提高、隨關係的擴張而擴張。只有把對外在世界的執著、黏連放下，我們才能讓內心真正得到放鬆和快樂，才可以真正抵達安全的舒適港灣。

㈠內在源頭釋放法：告別難以割捨的物品

如果發現很多物品由於跟我們有太多情感、情緒的黏連，導致我們難以斷捨離，那麼，就需要對它們進行技術上的處理。

比如，對於曾經陪伴自己成長的玩具，孩子可能覺得它們是自己的朋友，怎麼能丟掉自己的朋友呢？戀人之間的紀念品，蘊含了太多當年的感情，比如不會再穿的婚紗，彷彿象徵著這段完美的愛情和婚姻，是很難捨棄的。

物品本沒有情感，是我們對它投注了情感，它才跟我們的人生有了牽絆。因此我們在清理的時候，要把這些情感的人格化投射從物品上收回來，讓那件物品只是物品。當我們把這些情感的能量收回來的時候，物品就會回歸成普通的物品。

我們用三句話來告別那個難以割捨的物品——**「謝謝你」**、**「很抱歉」**、**「再見」**。

第一句話，「謝謝你」。「謝謝你提醒我要愛自己，要斷捨離。」然後做個深呼吸，想像跟物品上附帶的情感告別。

第二句話，「很抱歉」。如果你還有其他的擔心、顧慮、內疚，你可以說：「很抱歉，我在你的身上投注了情感，現在我收回投注在你身上的所有故事和情感記憶，我允許你回歸到物品，我允許你只是物品而已。」

第三句話，「再見」。「再見，塵歸塵，土歸土，你會用新的形式回到宇宙中。」物品的本質是很多的分子、原子，是很多振動的能量，不管你把它扔到哪兒，它都會在這個世界上以某種方式去輪迴。所以，再見。

其實這些難以割捨的物品記錄著你的習性，標誌著你內在的一部分程式。要真正學會斷捨離，還需要透過物品反窺我們的內心，**找到那個不能割捨的源頭，澈底釋放它**。

比如說，你面對一件難以清理的物品，閉上眼睛感受一下，把附著在上面的所有的故事、回憶召喚回來，去看看到底是怎樣的情緒、怎樣的內在動機讓你覺得難以清理。

有可能是無意識的不安全感讓你想囤積，所以把這個物品帶回家裡放了很久也不敢拋棄；有可能是想去炫耀你擁有這個物品的虛榮心導致；又或者是因為嫉妒別人有名牌包，所以你覺得自己也需要一個，但是買回來以後又不太有場合使用；還有可能是你覺得有了這個物品就代表你是某種身分；或者你想要去討好周圍的人，想要被認同，想要合群；又有可能是由於你的恐懼，你害怕沒有錢會處境淒涼，不被人喜歡；也有可能是因為沉迷，沉迷菸酒、遊戲或者購物，你明明知道這樣不好，但還是不停地去重複這些行為；還可能是由於你的貪婪、執著、不捨；又或者是因為你猶豫、拖延、懶惰……。

所以，你要清理的不只是一件物品這麼簡單，還有隱藏在內心深處的紛繁複雜的念頭。

一位年近不惑的男士，熱衷於收集照片，家裡牆上、書桌上布滿了相框，櫃子裡也有一本又一本的相冊，數目之多令人咋舌。當他意識到照片太多需要清理的時候，卻發現每一本甚至每一張都難以清理。不過翻閱他的相冊我發現，所有的照片都是他學生時代的，不只有底片相機和數位相機拍攝的照片，還有早期手機拍攝的低解析度照片。

為了幫助他進行極簡清理，我讓他拿起每張照片，閉上眼睛去找出當時把它留下的動機和背後的意義。這位男士僅僅拿出幾張照片回憶了一下，眼淚就從閉著的眼睛裡流下來。原來，他從小到大最輝煌的時期就是讀書時期，那時他成績優秀，一直做班級和學生會裡的幹部，意氣風發，在同學中很有聲望。然而步入社會，他過的是比普通同學還平凡的人生，這種落差令他耿耿於懷，但他再也無法回到從前的榮耀時光。

感受到這個模式，他說：「我看見了，我在這照片上看見的是我的美好回憶、虛榮，甚至有對現在生活的逃避、畏縮不前。」

看見那個難以割捨的源頭，就可以把這些複雜情緒的能量載入到這個物品上，然後說「謝謝你，很抱歉，再見」。把物品扔掉，同時想像把那種負面的能量也捨棄掉了。

「內在源頭釋放法」是讓我們透過物品，看見內在源頭的各種情感、情緒是如何限制了自己。它與「收回投射的情感」相輔相成、互為導向，把兩者結合，可以幫助我們完成由外及內的澈底的斷捨離，把空間和自己的內在都清理乾淨。

【功課】斷捨離的內在源頭釋放法

1. 拿起物品，感受這個物品所反映的，自己所有的內在模式。

比如：

- 看見自己無意識的囤積。

• 看見自己很強烈的不安全感。
• 發現自己的炫耀、嫉妒、攀比、虛榮：別人有的我也要有。
• 發現自己想要去討好別人。
• 發現自己逃避面對麻煩和困難。
• 發現自己非常貪婪，物欲強烈。
• 發現自己的恐懼和焦慮，總是擔心會發生不好的事情。
• 發現自己對某些東西沉迷和上癮。
• 發現自己貪吃。
• 發現自己執著、不捨、攫取不放。
• 發現自己反覆糾結。
• 發現自己猶豫、拖延、懶惰。
• 發現自己對自己苛刻、吝嗇。

2. 閉上眼睛，召喚和這種內在模式相關的所有記憶、畫面和感覺。

3. 撫摸這個物品的時候同時說：

①我在這件物品上看見了我的貪婪、囤積（任何你看到的你自己的內在模式）。

②謝謝你，我看見了，謝謝你提醒我。

③我現在決定清理我自己，我現在要把所有「貪婪、囤積」的能量和這種能量所屬的情緒、信念、記憶拿出來，載入在這個物品上，並和它告別（用力捏這件物品，感覺把所有能量拿出來，載入到這件物品上）。

④謝謝你，再見。

4.清理掉這件物品，做個深呼吸，感覺同時捨棄了相關的能量、信念、情緒，擺脫了相關記憶的束縛。

03 用好的能量影響身邊的人

影響身邊的人，帶他們一起做極簡清理是很必要的。如果只是你一個人的理念改變了，那麼即便你把居住的空間整理得很乾淨，跟你住在同一個屋簷下的其他人，比如伴侶、孩子、父母、室友，又會很快把房間弄亂，或者把一些不必要的東西再拿回來，你還是無法真正做到極簡清理。

理論上講，你周圍的人也是你能量場的一部分，所以必須要讓身邊的「松鼠症」患者參與進來，把極簡清理的習慣進行傳遞，創造一個潔淨的場所。

(一) 帶家人做極簡清理

帶家人做極簡清理的時候，最簡單的方法就是保持耐心，自己先做示範，把自己的東西清理好，慢慢取得家人的認同。

如何教孩子做極簡清理

幼小的孩子為什麼也要做極簡清理呢？他們在極簡清理的過程中能學到什麼？

首先，孩子會在極簡清理的過程中學會告別。如果孩子從小就學會極簡清理，他就會明白不能沉溺於過去，每天都要面向未來、充滿希望，這對他來說是一個很好的事情；他就會知道現在擁有的東西不一定要一直陪著他，他可以把不要的舊衣服、玩具清理乾淨送給別人，學會分享和愛，避免成為一個自私的人。

其次，學會選擇。孩子在極簡清理的過程中，需要不停地做選擇——假設有二十個玩具，但現在只能留下十個或者五個，他就需要學會做最優選擇。

再者，他還會明白，家裡面不只有他，還有其他人。每個人都有自己的空間，每個家庭成員都需要去配合彼此，做出適當的讓步，去為整體付出，因為這關乎家庭之內的愛和親情。這也是他需要學習的。

「要孩子做斷捨離真的很困難，什麼都不讓扔，他都要玩。」一位媽媽在教孩子做極簡清理時很頭疼，不知道該如何勸導孩子。

其實，教孩子做極簡清理，千萬不能讓他認為他擁有的東西少了，你要跟他講是因為東西太多了，給家裡造成了混亂，導致他沒辦法好好使用空間來玩耍，同時玩具那麼多，每個玩具都不能用心地玩，都不能陪小主人玩得盡興，還影響了新的玩具進入家中。

給孩子闡明了這些道理以後，這位媽媽後來讓孩子自己去做極簡清理，很快孩子就整理出一堆不想再玩的玩具、不想再看的書等等。然後媽媽就表揚他，協助他把這些整理出來的東西或捐贈給貧困地區的小朋友，或送給學校圖書館。

之前，孩子可能只是不斷地擁有更多的東西，導致他的玩具、文具和衣服等等都太多而不被珍惜。極簡清理可以讓孩子感受到物品的珍貴，逐漸學會珍惜。

如果你的孩子還小，可以讀繪本《艾拉的雨傘》（*Ella's Umbrellas*）給他聽，該書講述了一個有收藏癖的小姑娘艾拉，如何在家人的幫助下明白一個道理——**物資的囤積並不能帶**

來真正的快樂，幫助別人才會。

你會發現，你如果給孩子過多的東西，其實是在培養他小我的部分——不斷地想要擁有更多的貪欲。你如果教他分享，則是教會他跟他人相處，教他透過分享來獲得更大的能量和快樂。分享表面上是失去了東西，但實際上得到的更多。這其實就是經濟學當中的「邊際效應」。

富翁已經有很多錢了，這時候再給他一塊錢，他也不會快樂，但是把這一塊錢分享給乞丐，乞丐會非常快樂。同樣是一塊錢，給富翁沒有什麼作用，扔在地上他可能都懶得去撿，但是需要的人得到就會很快樂。

透過把富餘的東西分享給那些更需要的人，孩子可以瞭解到自己是重要的，人和人是可以相互幫助的，捨棄和快樂是可以同時存在的。

在教孩子做極簡清理的時候，我們首先要以身作則，自己先做清理。當你在整理衣服、書、各種雜物的時候，孩子可能會看到並詢問你。這時候你就告訴他你在做物品的極簡清理，可以把這些東西送給其他人，讓它們發揮更大的作用。

讓孩子看過你清理以後，任由他去做自己的整理，可以每次規定一個區域或者類別，比如他的臥室或者他的玩具，讓他一點點去清理，切不可代勞。你可以幫他把一些沉重的東西搬出來，但是要由他來選擇哪些東西要或不要。你可以稍微指點一下，告訴他極簡清理的意義和方法技巧。

把物品清理完以後，讓孩子自己動手做整理和收納，這也是鍛鍊他的自控能力和邏輯能力的時候。

讓孩子成為一個小小的極簡主義者，從小就能夠學會極簡和自控，識別消費陷阱，學會取捨。

帶伴侶做極簡清理

和其他家庭成員相比，你和伴侶之間的空間交集最多，比如共用的臥室、書房、客廳、餐廳、洗手間等。所以，伴侶很重要，如果伴侶不參與清理，那整個空間是沒辦法保持潔淨有序的。一般來說，價值觀一致、有共同語言的夫妻比較容易形成同樣的習慣。首先要達成思想上的一致，告訴伴侶清理的意義，然後教伴侶一些清理的方法和技巧。

妻子先開始做極簡清理的家庭往往比較容易帶動，因為只要不隨意把丈夫的東西扔掉，他一般意見都比較少，也比較順從妻子的指派。

如果是男士要讓女性伴侶做清理，可以先給她看相關的書、連續劇，然後給她講述理論和方法，或者一起到別人家裡去參觀。一般來講，女士對極簡清理的接受度是比較高的，因為她們對空間整潔、美感，其實是很嚮往的，尤其是一些不用的東西整理出去後，她還可以添置心儀的物品，她會比較愉悅地接受極簡清理。

教老人做極簡清理

教老人做極簡清理相對比較困難，因為從過去那種艱辛的日子一路走來，他們內心的不安全感、稀缺感非常強。

有個朋友的外公從以前那種苦日子過來，特別喜歡囤積，把自己的房間塞得滿滿不說，出門還會撿各種各樣的瓶子、棍子、紙箱、塑膠，就跟過冬的松鼠在窩裡囤大量的堅果一樣。

有位網友說，她的婆婆七十多歲，每次下樓散步都會撿一些紙箱、塑膠瓶、破花盆、舊書本回來，堆在家裡陽臺上、樓道裡。堆滿屋裡屋外不說，還誰都不能動，一動她就生氣。

經歷過動亂饑荒、物資貧乏年代的長輩，會習慣性地囤積物品，堅信某一天會用上，並且他們還很固執，不聽勸告，很難改變。

怎樣帶動這樣的老人做物品清理呢？

第一，以身作則，先把自己的房間澈底整理乾淨。

第二，把家裡的公共區域整理乾淨。

你可以先簡單地告訴他們，每個人的東西都要放回自己的地方，公共區域不可以放置私人物品。當公共區域乾淨、整潔了以後，老人看到可能會覺得，原來空間弄乾淨了還是挺舒服的，才有參與斷捨離的可能性。

第三，從健康的角度，告訴他們雜物會帶來細菌、引起疾病。老年人一般比較重視自己和家人的身體健康，這個說法對他們有一定的震懾作用。

第四，從空間能量場的角度，告訴他們雜物堆積如山對家庭中的場域能量不利，對家庭運勢會有不好的影響。

有位女士在實踐極簡清理的時候，遭遇了父母等長輩很強烈的排斥。脾氣暴躁的外祖父甚至怒斥她敗家，說她不孝。被貼上這樣的標籤，她心裡很難受，看著長輩們囤積的雜物堆滿了屋子，甚至有蜘蛛結網，她心裡很不痛快，但也不知道該如何在不冒犯家人的前提下繼續清理下去。

後來她發現，老年人對場域能量比較信奉，對身體健康也比較在意，於是她就先去跟外祖父聊，說自己這幾件舊衣物扔出去，也不影響家裡興旺；外祖父收藏的雜物賣了錢可以捐贈給一些公益組織，幫助偏鄉兒童，其實更是行善積德；再者，雜物都清理出去，家裡整理乾淨了，細菌、灰塵都會減少，場域能量會變得很好，而這一切會讓家裡的人身體更健康，生活更美滿……。

在她循循善誘的引導下，本就是退伍老兵、很有覺悟的外祖父率先開始清理自己囤積的物品，然後又用自己的「大家長」威望，成功讓她的父母也開始實踐極簡清理。

第五，做替換。你可以買雙新鞋送給老人，讓他感受到高品質鞋子的舒適，使他不想再穿舊鞋。幫助老人用新的淘汰舊的、用舊的淘汰破的，逐步升級。升級以後，他自己也會慢慢適應，覺得還是穿新的、乾淨的東西比較舒適。透過物品的替換，完成老人思想觀念的轉變。

第六，把老人囤積的雜物回收賣錢，告訴他淘汰舊物其實不是浪費，是可以賺錢的。

還有，多帶老人到其他老人乾淨的房子裡去參觀，讓別的老人現身說法。老人最喜歡聽同齡人的意見，讓他們來幫助轉換自家老人的觀念，向自家老人陳述、展示乾淨的空間住著如何舒爽、安心。

㈠帶同事、室友做極簡清理

除了家人以外，如何帶動身邊其他的人一起做極簡清理？比如公司的同事，尤其是同一個團隊的親密夥伴，如果公共空間、每個人的辦公空間都清理得乾乾淨淨、整整齊齊，團隊的工作效率也會直線上升。

在公司做極簡清理相對比較容易，自己以身作則，先清理自己的辦公空間，該處理的處理掉，拍照做一些對比，告訴大家做極簡清理的好處，然後你會發現公司的小夥伴其實是很願意跟隨的，畢竟同事都有差不多的知識水準和修養層次，比較容易互相理解。而且辦公空間是自己每天待得時間最長的地方之一，誰都喜歡有一個清爽、高效的能量場。如果你在公司是管理階級的話，那麼帶同事做極簡清理就更方便了，直接指導就可以了。

乾淨整潔是有效率的一種表現，員工在這樣的辦公環境裡工作會非常投入。

還有就是你的室友。如果你是跟他人合租的上班族、和同學共用一間宿舍的在校生，那麼你的室友是否做極簡清理也同樣影響著你的生活空間品質。尤其有的大學宿舍是上下鋪，你下鋪收拾得再乾淨，如果上鋪骯髒，還是會天天掉灰塵下來。而且一人不淨，汙及全屋——蟑螂畢竟是會到處爬的。

與帶動家人、同事做極簡清理的方法類似，你還是可以先以身作則，清理好自己的空間，形成一個有力的範本。如果你有餘力，還可以稍微收拾一下公共區域，讓室友感受到乾淨、整潔空間的美好。

要注意的是不能越界，可以提點，但不可以強迫他人，多用溫婉柔和的方式說服室友轉變。

有一個女大學生實踐極簡清理後，雖然自己的床位、書桌已經明顯乾淨整潔了，但她的室友不為所動，繼續我行我素，亂放物品，也不收拾公共空間。這位女生有一次實在看不下去，幫忙整理了室友的物品，卻被室友指責亂動自己的東西。

後來她發現室友暗戀一個男生，於是在室友面前有一搭沒一搭地說，那男生今天誇誰的書桌整理得跟圖書館裡的似的，那男生垃圾分類做得很好，被清潔阿姨表揚了，那男生不太喜歡張三，因為張三回到宿舍總是隨手把衣服往盆裡或床上一扔……。

潛移默化之中，室友開始轉變，不再在公共區域亂扔物品，終於有一天走到這位女生面前，想討教一些整理收納的小技巧。

帶他人做極簡清理，畢竟牽扯到與人的溝通交際，需要耐心帶動，也講究一些因人而異的溝通技巧。雖然過程可能不那麼順遂、容易，但一旦身邊的人跟著你實踐起極簡清理，與你一起清理共同生活的空間，那得到的愉悅、舒適就會讓你覺得整個過程都是值得的。

【功課】黑箱子整理法

極簡清理時遇到那些暫時無法取捨的東西，可以準備一個紙箱，把它們扔進去，並用膠帶封箱。箱子上寫一個預定的開箱日期，可能是一個月或者幾個月後，然後把它放在倉庫裡或者寄存在親人、朋友家裡。到預定時間後，如果誰也沒有提到這個箱子，都忘了這件事情，那你就把它處理掉，這就叫黑箱子整理法。它的實質是把你當時沒辦法決定的事情延遲處理。

PART 3

身心輕盈了，清明的頭腦還會遠嗎？

身體與心靈，從來都是進化一體、互為因果。當贅肉離開身體，那種輕鬆的感覺只有心靈知道；而隨著頭腦中錯綜念頭的梳理、消解，身體的沉重感也會蕩然無存。

從生活方式上，對自己的身體做一個全盤清理，包括飲食、作息、運動等日常行為，由表及裡，轉向清理內心的各種頭緒、念頭，實現超級時間管理的有序生活吧！

01 你的身體越輕盈，內在越快樂

物品之外，我們還有什麼需要做極簡清理？頭等重要的，自然是我們的身體。

愛自己的身體是一個老生常談的話題。身體和情緒是可以相互感染的，當你的身體有疾病、損傷，或者充滿了壓抑的負能量的時候，內在的情緒、信念也會變得低落、負向，所以人是很難在身體處於糟糕的狀態時去提升自己的心靈意識的。

身體是由細胞構成的，人體細胞有近一百萬億個，是一個極其龐大的數量。構成人體的細胞並不是一成不變的，它們在不停地衰老、凋亡、更新，由新的細胞來替代老的細胞。雖然人體不同組織結構的細胞反覆運算週期不一樣，一些部位的細胞大約一個月更新一次，有的幾天就更新一次，但籠統地說，為了保證身體的正常運行，細胞每年都會煥然一新，也就是說，雖然我們看上去沒什麼變化，但是身體的近一百萬億個細胞其實絕大部分已經是全新的了。

由細胞構成的身體，每天都在為我們持續不間斷地服務，即便我們在睡覺的時候，身體也在工作，在呼吸、消化、運輸氧氣和養分，進行新陳代謝。那麼多細胞組成了現在的我，形成了自主意識，使我成為一個有思考和行事能力的人，但是我們是否想過，去感謝自己的身體？

你的身體越好，你的意識、心靈才越可能成長，你的內在才越可能快樂，這是一個有機的統一體。所以我們首先要去愛我們自己的身體，愛我們身體的每個器官、每個組織、每個細胞。

然而事實是，我們在追求頭腦感知到的那些情緒情感的快樂時，往往忽視了自己的身體，甚至濫用它、虐待它，讓它暴飲暴食，讓它熬夜、負荷過重、缺乏鍛鍊，又或者透過焦慮、緊張、恐懼等情緒，讓身體的每一個細胞備受摧殘和侵蝕。

《YOU：身體使用手冊》（*You, the owner's manual*）這本書裡提到，骨頭如同支撐房屋的木料，保護家的內部結構；眼睛如同窗戶；肺跟通風管一樣；大腦好像保險絲盒；腸道如同管道系統；嘴是食物加工器；心臟好比供水樞紐；頭髮就像草坪；脂肪則像儲存在閣樓裡的沒用的東西。

衰老和疾病的主要原因是什麼？

1. 心臟和血管的老化。
2. 免疫系統的老化。
3. 環境和社會問題造成的衰老，比如精神壓力、一些事故等等。

(一) 負熵的飲食起居

我們一直認為，食物應該鮮美可口，其實這種觀念是錯誤的。食物的首要意義不是美味，而是成為身體的燃料，作為每個細胞養分的來源。

人類還是原始動物的時候，沒有添加劑和調味料，人類只憑藉味覺，挑選出最有營養的食物。隨著人類文明的發展，人類逐漸只能識別出美味，卻判斷不出某樣食物對我們的身體是否有利。我們用食物滿足吃的欲望，而不是滿足我們身體健康的需要。你給身體提供什麼食物，提供了多少量，提供的頻率，會影響到你身體的每一個細胞。

對汽車比較熟悉的人知道，越高檔的汽車越需要清潔、純淨的優質燃料，雜質高的燃料會產生積碳或其他問題，造成引擎損壞。同樣的道理，人體的「引擎」也需要最優質的燃料，這個時代人們患的七十％～八十％的病，都是吃出來的。癌症的「癌」字，外面一個病字框，裡面有三張口，還有一座大山。三個口就好比你吃進去的食物、喝進去的水、呼吸進去的空氣，一些劣質的東西吃得太多、喝得太多、呼吸得太多，像山一樣堆積在人的身體裡，人就必然會生病。

吃下去的東西，在你的內臟、細胞裡淤堵不說，細胞接收這些海量的脂肪、嘌呤、添加劑後，一一分解代謝，轉化成能量供給你的身體。你每天為你的近一百萬億個細胞，輸送的都是帶著各種添加劑、抗生素的垃圾食品轉化出來的燃料。

即便是人體需要的營養成分，攝取過多也會造成負擔，出現肥胖、糖尿病、高血壓、高血脂、心臟病等各種問題，這在物資富足的現代社會非常普遍。

我家附近有個開桌遊店的老闆，他每天中午十二點到半夜十二點之間，就是坐在店裡接待來玩遊戲的客人。他一個人坐在櫃檯無聊，就不停地吃零食看劇，到了吃飯時間再叫外送繼續坐著吃，白天、晚上不停地吃，越吃越想吃，不到一百八的身高，體重接近一百二十公斤。

後來有一次我們幾個朋友打算去桌遊店玩，卻發現歇業了。向旁邊的店家打聽後才知道，這個老闆有一天突然頭痛欲裂、陣陣眩暈，被緊急送到醫院才知道，他患上了高血壓、高血脂等疾病，現在迫不得已在家中節食、鍛鍊、休養。

所以，很多疾病都是吃出來的，這絕不是危言聳聽。

曾有人列出十大垃圾食品，分別是油炸類食品、醃製類食品、加工類產品（肉乾、肉鬆、香腸等）、餅乾類食品（不含低溫烘烤和全麥餅乾）、汽水可樂類飲料、方便類食品（主要指泡麵和膨化食品）、罐頭類食品、果脯類食品（蜜餞等）、冷凍甜食類食品、燒烤類食品。

我們可以看到，垃圾食品並不是那種骯髒、難吃的東西，相反，它們顏色豔麗、口感出眾，吸引我們吃得欲罷不能，而忽略了它們含有大量防腐劑、抗氧化劑、膨鬆劑、營養強化劑、pH調整劑等的可怕事實。

日本人稱「添加劑活辭典」的安部司從事食品添加劑相關工作二十多年，日常工作就是研製各種各樣的添加劑，按照客戶的需求調配各種口感的食物。但是一次偶然的事件，讓他陷入深深的自責。一天他忙完工作回家，發現妻兒正在吃一種美味的肉丸，他一看嚇了一跳，那個肉丸就是他參與調配的，用化學調味料、黏著劑、乳化劑製作而成，裡面其實連一絲肉都沒有。「肉丸」事件之後，安部司幡然醒悟而辭職，開始做關於添加劑的演講，帶領普通消費者深入食品的「背後」，並著手從事無添加劑食品的開發和傳統食品的復興工作。

食品添加劑其實很容易理解，安部司提供的辨別法就是「廚房裡沒有的東西」。你的廚房裡有油鹽醬醋糖，豐富一點的還會有麻油、味精等等（味精已經勉強算是添加劑了），但你的廚房裡不會放山梨酸、甲苯酸鈉、增稠劑、胭脂紅、亞硝酸鈉、多聚磷酸鹽、安賽蜜等等，這些廚房裡沒有的東西都是食品添加劑。你去看看食品包裝袋，這些東西你早已吃下肚了。

我們身體裡的小小細胞就這樣被我們吃進去的垃圾食品消耗、損壞，所以為了身體的正常運作，我們要進行負熵飲食，精神上要吸收負熵，身體也要吸收負熵。

奧地利理論物理學家、諾貝爾物理學獎得主薛定諤在一九四四年出版的《生命是什麼？》（*What is Life?*）一書中提出了負熵的概念，試圖解釋生命的物理學本質。**他認為人活著就是在對抗熵增定律，生命以負熵為生。要防止熵的增加，我們就需要汲取負熵，而汲取負熵則需要跟外界做交換**。我們吃喝、呼吸，是一種獲得負熵的方式。

想填飽肚子的食欲、味覺產生的美好感覺，是為了讓人類這個物種生存下去，而不是為了享樂。我們不能為了追求快感，濫用了這種功能。

中國航空生物醫學工程的創始人俞夢孫院士致力於航空、生物領域的研究五十多年，他也提出了生命是以負熵為食的觀點。

既然是負熵飲食，我們就要注意吃進去的東西到底是好的還是壞的。

負熵飲食

負熵飲食就是多吃陽光直接照射的食物。簡單地說，就是去吃源頭的東西，源頭就是跟陽光最近的。跟陽光最近的是蔬菜，但是只吃菜也不行，還需要攝取一些肉類。我們可以選擇離植物最近的牛、羊這些素食類動物的肉，也可以選擇雞鴨鵝肉，雖然牠們吃了很多雜食，但也攝取了地面上的很多礦物質、水中的小蟲之類，相對來講也比較接近源頭。

工業化大棚裡的蔬菜為什麼不夠好呢？因為照射到大棚裡的光線經過折射，看上去光照充足，其實不夠天然，在和自然環境的能量交換過程中，會導致蔬菜的熵受到了影響。俞夢孫院士說，現代營養只注重糖、脂肪、蛋白質、維生素、微量元素，但是沒有注意食物的四氣五味，而這是中醫飲食的精髓。大棚蔬菜跟自然環境中生長的蔬菜看起來差不多，其實四氣五味是不一樣的，它們吸取的熵值也是不一樣的。

所以，我們選擇食物應盡可能地挑選接近原始狀態的，多食用新鮮的水果、蔬菜，杜絕醃製、油炸、膨化食品和碳酸飲料等等，免得吃出一身毛病。

食物的選擇和攝取規則其實很簡單——**當季、新鮮、低加工、少合成、有機無汙染、適量**。

我們在購買食物的時候，不要總去關注食物的外表。養殖場工業化、流程化、精細化生產出來的雞蛋，個頭大，圓潤飽滿；但如果你自己養過雞，就知道野生放養雞生出來的蛋，不可能齊刷刷的都是同樣的個頭和形狀。

真正的美食，仰仗的是食物本來的味道，很少需要複雜的烹飪工序和繁複的調味品，有時候就加一點油鹽就很好吃了。

同時，我們應該更多地攝取水、蔬菜、豆類、水果、魚肉這些負熵食物。

負熵的作息

負熵的作息是根據中華醫學的子午流注來安排的。現代人晚上睡得晚，半夜兩三點睡覺，中午十二點才起床，這種作息非常傷身。因為在不同的時辰，不同的內臟器官在運行它主要的功能。根據這種規律安排作息，更加有利於身心養護。比如說：

一早起床，這時候最利於上廁所、喝杯溫水促進身體新陳代謝。

七點到九點，時間再緊張，都要把早餐吃好了，這樣才能維持一天工作、學習的正常血糖。

十一到十三點，人的心經最旺，這個時候要保護心臟，吃完午飯稍微休息一下。

二十三點，一定要睡覺，這個時候身體最容易啟動內在的修復。

如果淩晨還工作、學習、喝酒、玩樂，對身體造成的影響是非常大的。

為什麼越來越多的年輕人猝死？就是因為該睡的時候不睡，該吃的時候不吃，該工作的時候不工作，所有的時間都是混亂的，人的機體無法在適當的時間自我修復，必然會出問題。其實愛護身體很簡單，身體和自然的規律是合拍的，我們只要跟隨自然和身體的規律作息，就可以保持健康和活力。

適量運動

運動非常重要，哪怕每天散散步、騎騎車，做一些和緩的室內運動，都是對人體有好處的。

現代人普遍體重超標，每天帶著一堆贅肉四處奔波，增加了內臟的負荷和身體的損耗，就好比汽車載著後車廂裡的一大堆重物開來開去，輪胎、軸承的磨損必然很嚴重。

所以，我們每天要抽點時間進行體育鍛鍊。每天可以抽出三十分鐘慢走或慢跑，或者做一些持久力的訓練，如騎車、游泳，又或者做一些力量型訓練，如機械訓練，再或者做伸展瑜伽，甚至做冥想呼吸都可以。這樣過一段時間後，你會發現整個人的精神狀態和身體狀態都會變好。如果你的空餘時間實在有限，那你可以把一些運動穿插在日常作息裡，如上樓時可以爬樓梯，上班路程不太遠的話可以騎車或者步行，不需要刻意地安排時間，就把運動給補上了。談事情的時候，約一個景色怡人的地方邊散步邊聊，也挺好。

負熵的情緒

有次我參加一個腦神經和心理健康會議，某醫院的病房主任告訴我們，六十%左右的癌症病人都是被「嚇死」的，因為醫院檢查出癌症，一通知病人，病人就嚇壞了，然後整個情緒、精神就崩潰了，接著免疫系統的抵抗力急劇下降，人就死得很快。為了讓我們的身體、精神有個良好的狀態，情緒是非常重要的。

我們的情緒和內分泌系統、免疫系統、消化系統等不是分離的，而是一個統一的系統，所以情緒可以導致我們身體患病，也可以幫助疾病的緩解，甚至治癒疾病。

另一方面，從實體層面來看，**調節情緒需要適量補充維生素、營養劑**。挑選維生素、營養劑時，要注意：不要去看所含維生素和營養量有多少，而是首先看是從哪裡提取出來的。負熵食物最關鍵的一點就是離天然的陽光近，離最原生態的有機植物近，所以好的維生素、營養劑都是從天然的植物裡提取出來的。

身體調理

諸如艾灸、推拿、刮痧、疏通經絡、站樁、打太極、打坐、泡腳、唱歌、跳舞、行走、做家務、旅行等等，都是我們的身體、細胞所歡迎的，有利於人體產生負熵的情緒，擁有好的情緒體驗。

另外，**我們要愛惜自己的外形，讓自己每天都乾淨整潔**。把自己的房間打掃得賞心悅目，也要讓自己的外形賞心悅目，內外潔淨，美觀得體，這是很有必要的。

如果很愛自己的話，你的精神熵會很低，你就可以控制自己的身體和情緒。

(一) 輕斷食的實踐

正常狀態下，人的消化、吸收、代謝過程是平衡的，但是生活在充滿汙染的環境中和忙碌生活壓力下的人，很多時候無法擺脫暴飲暴食的誘惑，高脂肪、高膽固醇、高熱量、高鹽、高糖導致五臟、血液系統、淋巴系統中積累了大量無法及時排出的毒素，淤堵了生命的通道，擾亂新陳代謝。

日本科學家大隅良典因為發現細胞自噬機制，榮獲二〇一六年的諾貝爾生理醫學獎。**細胞自噬理論是指細胞在飢餓的時候，會把自己體內無用的或者有害的物質分解、吃掉，以提供自己生存所需要的能量。**自噬理論的關鍵是細胞飢餓。自噬理論認為自噬作用還可以決定人類的壽命。許多疾病包括癌症和一些神經性疾病的發病機率都會隨著年齡的增長而升高，就是因為年齡增大以後細胞自噬的效率降低了。

所以，我們可以藉由幫助細胞開啟自噬機制，減少生病、增加壽命，首先要讓細胞飢餓。

輕斷食行為不是最近才出現的。遠古時期人類以狩獵為生，經常捕不到獵物，因此可能經常沒有東西吃，所以我們的身體和基因本身就可以承受偶爾食物匱乏的情況。

在中國也有這樣的諺語，比如，「四時欲得小兒安，常要三分饑與寒」。輕斷食讓很多人感到恐懼，因為對食物的依賴是人的天性。人最大的本能是生存，最大的恐懼是死亡。

其實，地球上很少有動物是頓頓吃飽的，只有我們人類是過度飲食，我們需要從缺乏食物的恐懼中逐步解脫出來。進行一些輕斷食，對我們的內在也是一種修練。

輕斷食最大的問題並不是飢餓本身，而是恐慌，很害怕不吃東西會餓死，這種頭腦中的恐懼最為嚴重。

輕斷食最大的阻礙並不是身體需要食物，而是嘴巴很想吃東西——不餓，但是想吃。透過輕斷食，你可以區分什麼是想吃的欲望，什麼是身體的需要，這兩者截然不同。

我認識一個人他曾經嗜吃到了瘋狂的地步，幾乎每時每刻都忍不住要吃東西，一逮住機會就要往嘴裡塞東西，開重要會議時沒法明目張膽地吃，他就不停地喝飲料。為了克制食欲，他不在家裡放吃的，但是經常控制不住，翻箱倒櫃地找能吃的，最後往往還是忍不住叫了外送。

可想而知，他做輕斷食的時候吃了一番苦頭。最艱難的時候，我建議他給自己一點身體上的疼痛懲罰，然後閉上眼睛靜坐，想像看見前面有個很貪吃的自己。他雖然吃飽了但還是不停地想吃東西，他的身體已經長出很多脂肪，也明顯不需要甚至排斥食物了，但欲望還是把身體往食物面前拖拽。

所謂觀照，就是看見自己的起心動念，看見每個行為背後的基礎的欲望。

輕斷食有什麼作用？

首先，讓你不再做食物的奴隸，吃東西從食欲導向轉為自我意識導向和控制。

其次，輕斷食以後，睡眠和情緒會有所改善，頭腦更加清晰、更有創意，工作效率也隨之大幅提高。

輕斷食是讓身體充分發揮自我療癒、自我修復的機制。

如果經常實踐素食、輕斷食，你就會收穫一個意外驚喜，那就是你的味覺更加敏銳，更能夠品嘗出食物本真的味道，你會對合成食物極其敏感，對食物的好壞有更加本能的區分。

輕斷食不是完全不吃，而是每天攝取不超過八百卡路里的熱量，它比全斷食更加安全和舒適，減脂和促進新陳代謝的效果也很好。輕斷食期間，你可以飲用鮮榨蔬果汁。

輕斷食有很多種

半斷食：其間只食用平時一半的分量，簡單、少油、偏素。

蔬果輕斷食：只吃水果蔬菜。

蔬果汁輕斷食：不吃固體的東西，只喝蔬果汁。

清水輕斷食：不吃東西，只喝水。

我們建議每個人按照自己的身體情況安排輕斷食計畫，提倡以七天或十四天為一個週期，工作日以素食為主，偶爾吃少許魚肉或牛肉，週末可以進行蔬果汁輕斷食。

如何進行蔬果汁輕斷食？

首先，你需要購買很多新鮮、無農藥汙染的有機水果和蔬菜，還需要準備很多礦泉水。水果可以去皮後榨汁，或者榨汁之前用解毒機進行處理。葡萄可以洗乾淨後，連皮帶籽榨汁。

購買建議：梨、奇異果、蘋果、葡萄、黃瓜、番茄、菠菜、芹菜、胡蘿蔔、生薑。

儘量把果汁和蔬菜汁的比例維持在二：八，因為果汁糖含量較高，要注意控糖。

其次，在蔬果汁輕斷食的過程中，要注意身體保暖。如果有人怕胃寒，忌食生冷，可以把蔬果加工成熱湯食用。比如青菜、蘑菇、蘿蔔、番茄一起煮，也很好喝。

我們一般在週末兩天進行蔬果汁輕斷食，到星期日晚上，可以緩慢退出輕斷食，因為週一很多上班族、學生需要恢復正常的飲食，以保證體能的供給。這個時候最簡單的恢復方法，就是吃少許熱的稀飯，配點少油少味的熱素菜，切忌一下子吃很多，把已經習慣了輕斷食的胃撐壞。

輕斷食的過程中，我們也可以做一些拉伸運動，配合深呼吸，幫助排除肺部的代謝廢物。

輕斷食的變化

堅持了十四天的輕斷食後，你會發現自身產生了一些有趣的變化：

第一，當你再去做斷捨離清理的時候，會乾脆俐落不再糾結，因為你的身體變得輕盈了，你想要去囤積物品的雜念、執著也減少了，清理東西也會很爽快。

第二，你的審美變好了，什麼東西比較美觀，什麼東西該放在哪兒，怎樣的空間布置場域能量好……你本能的直覺變得很強。

我自己的經歷就是，做輕斷食這種身體的清理以後，我就很能夠感知我的整個房間要怎麼清理，傢俱要如何調整，光線要怎樣設計。這就是先透過身體的清理增強我們身體的智慧，然後再來影響我們對所處環境的調整。身體的調整，可以輔助環境的調整。

不過，輕斷食要根據自己的年齡和身體狀況酌情實踐。比如年紀太小的孩子就不需要，除非過度肥胖。年紀大一些的長者倒沒有什麼限制，比如我的父母七十多歲，每年都會進行一些輕斷食活動。

需要強調的是，在沒有專業老師指導的情況下，千萬不要貿然嘗試辟穀[4]，因為人長時間不吃東西是會餓壞身體的，而輕斷食則是比較安全和健康的。

【功課】制訂負熵食譜和運動計畫

1. 把家裡不健康的食材、調味料、主食、零食進行清理。
2. 按照自己的體重和體質，制訂每週的運動計畫，建議每週不少於兩次，每次不少於半小時。比如慢跑、快走、游泳、瑜伽、打太極拳、騎自行車、拳擊、跳健身操等有氧運動。
3. 制訂自己的每日負熵食譜。

---

4 不食五穀，藉由調息等修行內氣來增強身體機能，是道教中用節制飲食來養生的方法。

02 從注意力碎片化的風險中脫身

我們不僅要清理我們的房屋，還要清理我們的身體、頭腦，尤其是要對輸入大腦的資訊進行清理，也就是要進行注意力管理，讓我們擺脫忙亂無序。

注意力是我們在某件事情上意念聚焦和投入的程度。每個人每天擁有的時間都一樣，都是二十四小時，但由於注意力的千差萬別，有的人可以很投入地做事情，有的人則容易被各種各樣的事情打擾，所以在同樣的時間內每個人呈現出來的效率和成績大不相同。

現代人要做好注意力管理實屬不易：所有手機軟體設計的初衷就是為了搶奪我們的注意力，占據我們的時間，透過大數據、心理學，它們獲知我們的喜好，變著花樣吸引我們的注意力，想讓我們把越來越多的時間投入其中。比如新聞類軟體會收集我們的閱讀方式，知悉我們的喜好，用資訊流的方式推薦新聞，我們打開手機以後就會被牢牢地吸引。

我們日常生活節奏也越來越快，越來越網路化，我們很難把注意力長時間地放在某項工作上面，已經習慣了碎片化學習。

打開一個短影片，如果它前幾秒鐘不吸引你，你就會把它關掉，很難堅持看完，哪怕後面是精采的內容。我們很難再從頭到尾不間斷地看完一部電影，或者持續看書幾小時。

注意力碎片化讓我們變得越來越難以集中精神，讓我們一坐下來就感覺渾身不舒服，情緒化、易怒、焦慮、煩躁、拖延，注意力越來越難被我們規劃和利用。

一個人如果不能規劃自己的注意力，就會成為一個被大資料裹挾的人，很難有所作為。所以，我們要做注意力的斷捨離，要減輕、清理自己的注意力負擔，減少分心，讓自己能夠專注、投入。

你的注意力足夠嗎？

首先，看你是否能長時間離開手機。如果你時不時就要去看一下手機，你所有的資訊、娛樂、工作都在手機上，你很可能已經注意力碎片化了。

其次，制訂一個關於工作、學習或者健康的目標，比如寫報告、看書、健身等等，看自己能不能很投入地、長時間地、持續地沉浸其中，達成目標。

再次，看你做事情是否頭腦清晰、效率很高。你做事情的時候，頭腦是否只聚焦在一件事情而不被其他事情干擾？

透過上述三種自測方式，你大概可以知道自己的注意力是否已經碎片化了。

(一) 如何做注意力的斷捨離？

第一，清理分散注意力的東西

清理手機上消耗我們注意力的不必要的 App，比如一些遊戲、影片、購物類應用程式。不需要的 App 不要裝，平時不太用的也可以清理掉。

我有個同事，我們都稱他為「網路公司最瞭解的人」，因為他每天手機不離手，一分鐘要看好幾次，吃喝拉撒都要抱著手機隨時隨地看一看，所有的行為都被大數據精準預測了。他自己也意識到有點手機上癮，玩手機幾乎成了條件反射，手機都快成他的「體外器官」了。

在我們的鼓勵下，他先是刪掉了手機裡大部分對工作無用的消遣類 App，比如各種短影片App、購物App、遊戲App等，就像影集《六人行》裡朋友們鼓勵瑞秋剪掉她父親的信用卡，正式開啟獨立生活一樣。既然管不住自己的手，就先把手機管理起來。這個舉措果然非常有效，雖然剛開始他還是控制不住要打開手機，但一看裡面沒得玩、沒得看，就很自然地放下了。經過一段時間，他發現，自己不再像有強迫症似的要時時刻刻看手機了，經常半小時都不碰它。

所以，儘量不在手機中安裝消磨時間的娛樂類軟體，卸載那些除了消耗你的時間外，沒有給你帶來任何知識、營養、資源的軟體，這是注意力減負的第一步。

第二，清理手機、電腦裡的垃圾，釋放空間

垃圾清理可以用手機管家、電腦管家等軟體輕鬆搞定。相簿是需要著重清理的角落，不需要的照片、截圖等儘量刪除。電腦桌面、手機桌面如果是亂糟糟的，就很容易形成忙亂的感覺，所以也需要整理。

清理手機裡的連絡人，包括手機通訊錄和社群軟體裡的連絡人。你會發現我們需要聯繫的人其實並不多，有的連絡人你甚至忘了是什麼時候添加的，根本就不認識；有的人你從來不連絡，以後也不會連絡，那為什麼還要把他們留在你的手機裡呢？清理負能量的好友，如

果某個人發布的資訊你絲毫不感興趣，甚至感到有一些不適，那麼就要刪除這個連絡人。

控制資訊的獲取。這是個資訊大爆炸的時代，各種資訊紛至沓來，我們的時間和精力被嚴重分散。但資訊和有效資訊是兩碼子事，有效資訊是發人深省、讓你提升的。我們需要精簡資訊的輸入源頭，減少使用社交網路和即時通訊的軟體。但凡獲取資訊就要認真、高效，我們閱讀新聞、滑手機都要限定時間，避免獲取無用資訊和過度獲取資訊。

還要減少一些群組，如果你收到一些群組訊息，但從來不會去看，那麼退出也不會有什麼影響。同樣，追蹤訂閱也需要做極簡清理，如果不是新媒體行業的編輯，就不需要每天去看幾十上百個帳號。不再追蹤、訂閱那不實用、知識含量低、對你沒有正向滋養的帳號，同類型的帳號則可以二選一。有些內容你沒有即時看而是先收藏了起來，但過兩了天後，你可能已經不想看這篇文章了，這樣可以直接取消收藏。

第三，減少使用智慧裝置，尤其是手機

有個笑談說，當代社會，成功路上的第一個敵人是手機，第二個敵人才是自己。

有位從事線上教育諮詢工作的朋友，每天早九晚十都撲在工作上，並不是她自己願意這樣，而是因為有了手機。下班之後還會有人諮詢，同事也隨時隨地在工作群組裡呼叫她，

雖然公司並沒有強制加班或者規定必須隨時接受客戶諮詢，但她打開手機就忍不住去回覆訊息，導致她完全沒時間、精力去鍛鍊、去提升，看書、學習效率也不高，有時太累，聽著網上的課程就睡著了。

其實，她想改變這種狀態很容易，最簡單的方法就是時間一到就把提醒關掉或者把手機靜音。既然她一聽到提示音、一看到訊息就要回覆，那就把訊息的源頭堵住。這並不涉及敬不敬業的問題。她把自己的心力耗損得太厲害了，焦慮煩躁之下反而會使她事情做不好，幫別人諮詢也可能提不出好的建議，沒有時間去學習、提升，於公於私都不利。

所以，我們首先要禁用手機軟體的推播通知，除非個別軟體關乎你的工作，比如你的上司、同事要透過它找你，其餘大部分的軟體不需要讓它推播，或者至少設置固定的時間接收通知。因為你並不需要知道突發新聞的每一個細節，除非你是媒體工作者。工作時可以頻繁查看手機，但是其他的時候，一定要養成延遲回覆的習慣，否則，來來往往的這些交流互動會讓你沒法脫身，時間都被碎片化，無法專心做事。減少使用手機等大量消耗你時間、精力的智慧裝置以後，你會發現你的時間多了起來，你才有空暇去思考，給自己安排計畫，學習、成長。

其次就是每天要有一段時間，可能是學習或者參加會議等需要投入的時候，把手機調成靜音或者關機，又或者放在離自己比較遠的地方。手機控可以下載一些定時開關機的App，這樣，讓手機一到時間自動關機，幫你完成手機的極簡清理，開啟靜心模式。

還有，要儘量遠離讓注意力碎片化的手機軟體，比如各種短影片App，這些應用程式容易讓人上癮和沉迷，長期使用會導致注意力的碎片化和稀缺。

你可以再進一步，嘗試一下「無手機日」。如今很難想像出門不帶手機是一種什麼感覺，手機彷彿已變成了我們身體的一個擴展增強的器官，不帶它就好像失了魂似的。不過，我們可以透過和手機保持一定的距離，把我們內在的自己找回來。

第四，打造高效能環境

我們需要在家裡或者工作場合打造高效能的學習和工作環境，透過環境的影響，幫助自己集中注意力。

首先，切斷網路。極簡主義的宣導者約書亞曾說過，切斷家裡的網路服務是他做過最有生產力的決定。因為網路讓我們跟世界連接在一起，也讓我們的注意力發散到了無限遠的地方。

約書亞說，比起花時間上網，我可以做更多有意義的事，比如寫作、鍛鍊、貢獻他人、建立新的連結、加深與業務的關係等等。

其次，臥室裡不要放電視。電視裡的節目太多了，尤其是網路電視，裡面有成百上千個頻道，一圈翻過去再翻回來，完整的節目沒看幾個，時間卻消磨了不少。

臥室裡放電視還有一個弊端就是，睡前是一天中比較疲憊的時候，也是精神熵最大、抵抗力最弱的時候，這時我們很容易打開電視而不睡覺，極大地影響睡眠。

最好手機和電視機都不放在臥室裡面。當沒有電子設備在身邊的時候，睡前你還能做什麼呢？可能是看看書，做做未來的規劃，思考一些方案、合約，解決待辦事宜，和你的伴侶、孩子聊聊天，和你的寵物玩耍……這樣你就很容易靜下心來，回到生活當中。累了就早點休息，讓身體從一天的勞累中恢復過來。

第五，避免多工並行

多工並行就是同時去操心、處理好幾件事情，這其實是個很難糾正的壞習慣。

可能此刻你的電腦上就有好多打開的程式，桌上還攤開放著一本書。你一會兒要編輯文稿，一會兒要上網查資料，一會兒要去註冊登錄一個財務系統，一會兒要在線上和老朋友聊天，時不時還看幾頁眼前的書……這就是多工並行，你會發現你的注意力極其分散。

多工並行是不是要嚴格禁止呢？不是的，處理一些不怎麼需要思考的事情，你可以儘量多工。舉個例子，你可以在家裡一邊澆花，一邊用洗衣機洗衣服，一邊煮飯，順便還能跟你的閨密語音聊天，這個時候你大可多工並行，充分利用時間。

但如果要寫一份年終總結、畫一張設計圖、做一份策劃方案、寫一篇論文等等，就不能多工並行，因為這些事需要你極度專注。在做一些需要耗費注意力、創造力，需要安靜思考的事情的時候，要避免多工並行。

多工並行會讓學習碎片化，頭腦意識的注意力很淺，假設你在聽課的同時開車，那你聽到的概念、知識點，萌生的想法，在停車的瞬間可能就全部忘掉了。

因為資訊從頭腦的注意力視窗飄過，需要我們花時間、花心力去捕捉、消化。很多時候你感覺在學了，但是學完都忘了，就是因為多工並行造成的注意力不集中。那樣的話，只是耗費你的注意力、消磨時間而已，收穫會非常少，甚至把學的東西記錯，這種學習還不如休息。

第六，把注意力集中在期盼的事物上

李奧．巴伯塔（Leo Babauta）的書《少才是力量》（*The Power of Less*）裡，闡釋了極簡主義的一個重要觀點，就是少即多。因為任何事情是需要花時間去關注、去享受、去投入的，事情一多，花在每件事情上的時間就少了。

同理，當我們去管理自己的注意力的時候，要確保把注意力集中在自己期盼的事物上，比如集中在我們想達成的業績、帶給家人的良好感覺、我們的健康、收入上等等。

此外，我們每週還可以花點時間來做冥想和思考。每週可以進行一次獨立、安靜的冥想和思考，做一些抽離的思考，從一個外人的角度來評估自己，看看自己一週的生活、工作、學習情況。評估不是為了給自己壓力和批判自己，而是一種引導和提醒。因為人很容易進入慣性狀態，透過思考可以給自己全新的視角、維度和想法，這就是思考的力量。

關於注意力還有一點，就是當有太多的事情可以做的時候，我們要確定哪些事情是可以不做的。吸引我們注意力的事情很多，我們的出發點不應是這個能不能看、好不好玩、可不可以做，而應是這個我可不可以不看、可不可以不玩、可不可以不做。

公司裡有位年輕的同事，一直想考托福出國，但我看她每天的午休時間，吃完飯就抱著手機玩遊戲，玩得不亦樂乎。我問了一下她每晚的作息，也是每天下班回家，先吃著飯追劇，然後去跑步鍛鍊，睡前再開始背單詞、做試卷，但時間已經所剩不多，心裡惦記著這事就無心睡眠，躺下了也不踏實，翻來覆去。

很明顯，這位同事沒有把注意力從那些可以不做的事情上移開。對一個要考試出國的人來說，玩遊戲、看電視劇都是可以不做的，甚至鍛鍊都可以不那麼頻繁，或者穿插在上下班時間裡，透過走路、騎車的方式完成。每天被多種娛樂活動刺激，就很難沉浸在一個略顯枯燥的事情裡，但是學習一般來講都會有點枯燥，你翻看一本書，背單詞、語法，並不會帶給你新鮮的刺激。

注意力是很稀缺的，所以無關緊要的事情，我們可以忽略掉、刪除掉。

【功課】累贅訊息大掃除

1. 清理追蹤帳號。
取消追蹤、訂閱那些沒有知識含量、沒有學習價值的帳號；同類的可以二選一；增加對你未來成長有用的帳號，總數控制在二十個以內。
2. 減少使用社交網路、即時通訊軟體。

少用社群軟體，不要滑手機；每天限定使用網路、看新聞的時間，一天二十分鐘即可；有好的內容，不一定要馬上看，可以先收藏，過兩天若不想看了，可以直接取消收藏。

養成一個習慣：當手機有訊息通知的時候，延遲查看；或者間隔一小時，統一查看和回覆。

3. 清理社群軟體的朋友名單。
4. 清理手機連絡人。
5. 清理手機軟體。
6. 清理手機、電腦裡的相簿。
7. 清理電腦硬碟中長期不用的檔案、軟體。
8. 清理電腦桌面。

- 讓你任何時候都覺得，你接觸的東西都是乾淨整潔的。
- 讓你逐漸減少消耗在社群媒體和網路上的碎片化時間，讓你自己的「心靈頻寬」能夠有富餘，能夠集中心力去做生命中更有價值的事情。

03

清理內在心結，讓你心無罣礙

除了注意力渙散，我們還要關注心力的損耗。舉個例子，每每想起曾經被人惡意對待，你就會覺得生氣、憤怒，像這樣心裡有罣礙就是在耗損你的心力。

比如你不甘於做現在的工作，但轉換跑道又不知如何開啟、怎麼去做；或者下週就是你的結婚紀念日或是朋友的生日了，你覺得很重要，思考著如何安排，但又遲遲沒有開始做準備；股市起起伏伏，有人抓住機遇賺了不少錢，你也想去學投資但一直還沒有行動，成為掛在心裡的一個任務；被伴侶安排去接孩子放學或者去開家長會，你一整天都反覆提醒自己、害怕會忘記；明天有一場重要考試，或者要趕一趟很早的航班，抑或要主持一個關乎公司存亡的招商會，你擔心鬧鐘不響、檔案沒準備好或者臨時會出什麼紕漏，整晚睡不好；又或者是你跟一個人的關係，你想要表白或者想要分手，但總是沒有機會表達……。

這些存在心裡但還沒有發生的事情，有的甚至只是你腦海裡浮現出的一絲想法，都在占據你的心力。如果把你的內在系統比作一臺電腦，注意力是電腦開機後你主動打開的程式，那麼心力的罣礙更像是長期在後臺自動運行的程式，什麼都沒做卻耗費了你大量的記憶體。

㈠ 如何做到心無罣礙？

心無罣礙不等於沒有事情，而是心中沒有事情，即使有事情也可以不損耗心力。比如：你一想到某個自己曾經虧欠於他的人，就覺得心有罣礙，要做到心無罣礙，你就應該在想到這個人的時候，直接給他發道歉訊息，把你的虧欠做個了斷；你有一件很重要的事情要處理，可以告訴你的祕書或者身邊的朋友，讓他負責提醒你，也可以在手機上設置日程提醒或定個鬧鐘，這樣你心裡就不需要去記掛這件事情了，也可以做到心無罣礙。

心裡有罣礙是因為心力的缺失。哈佛大學終身教授、行為經濟學家穆蘭納珊（Sendhil Mullainathan）在《匱乏經濟學：為什麼擁有的老是比想要的少？》（*Scarcity: Why Having*

Too Little Means So Much）這本書中揭示了稀缺心態的各種複雜成因和後果，認為**「只有對『頻寬』進行合理的規劃和管理，我們才有可能從稀缺走向富足」**。七歲從印度移民到美國，而立之年就幾乎擁有一切的他，覺得自己唯一缺少的就是時間。他的腦袋裡永遠有各種計畫，總想自己有多個分身去搞定所有事情，結果卻常常陷入承諾無法兌現的泥潭。

後來，他在做一個國際扶貧研究的項目時，發現自己的「時間匱乏症」和「窮人的焦慮」有著驚人的相似之處——哪怕給窮人錢、給有拖延症的人一些時間，他們也沒有辦法好好利用，最後窮人還是窮人，有拖延症的人還是缺乏時間。

他忙碌、拖延的問題背後不是沒時間，而是長期在這種生活模式下，他的頭腦習慣了解決最著急的事，而不是最重要的事。即使給自己充足的時間，但處理問題的模式沒有變化，原來拖延、忙碌的問題依然會存在。

在長期資源匱乏的狀態下——這個「資源」包括錢、時間等，對稀缺資源的追逐已壟斷了人們的注意力，使人忽視了更重要、更有價值的東西，造成了心力聚焦和資源管理的困難。也就是說，在特別窮或者特別忙的情況下，人的智商、判斷力會全面地下降，導致進一步的失敗。長期的資源稀缺培養出了「稀缺頭腦模式」，導致失去決策所需要的心力——穆蘭納珊稱之為「頻寬」（bandwidth）。

一個窮人為了滿足生活的需要，每天精打細算，想的是吃了上頓要準備下頓，哪裡買東西便宜，哪家商店在打折促銷，「頻寬」都用在了考慮這些事情上，最終沒有任何「頻寬」用來考慮長遠的打算和發展。一個過度忙碌的人，頭腦裡的記憶體全部被用在最著急的事情上面，沒有「頻寬」去為更大的事情做決策、為未來做抉擇。

電腦在記憶體使用率為三十%~四十%的時候很順暢，開各種軟體、編輯文檔、玩遊戲都沒有問題，當記憶體使用率達到八十%~九十%的時候就極其緩慢，打開「word」軟體都會卡頓，甚至當機。我們的頭腦也一樣，看上去可以同時處理很多事情，但是如果我們心裡面的「頻寬」已經被用光了，那麼每件事情都會處理得不盡如人意。

再者，如果把大部分的能量、心力耗費在眼前紛亂的事情上，我們就很難看見未來。

㈠如何回收我們的心力？

第一，透過外在的清理來收回心力

整理出我們需要清理的事情，一件一件地完結，讓你的內在只有現在的事情，沒有過去的事情牽腸掛肚、耗費心力。目標是達到心無罣礙，心中沒有舊事。

＃需要清理的事情：

1.可以彌補的事情立即彌補，比如道歉、感謝、告白等。

有個小夥子，童年的時候不懂事，霸凌班裡的一個略有殘疾的男生。長大成人之後，他對這件事耿耿於懷，總覺得自己的所作所為十分罪惡，還經常夢魘。這就是心力的耗損，他的記憶體、頭腦、心的「頻寬」，有一部分分給了這件不愉快的事情。

要真正與這段不愉快的經歷分離，很簡單，去找到那個男生，向他真誠地道歉。事情已經發生多年，童年的自己心智、道德模式的構建還不健全，現在成年的自己意識到了當年的錯誤，願意承擔起過去自己的錯誤。他真誠地把自己的愧疚、歉意表達出來後，就如同放下一塊心上的石頭，感到輕鬆了很多。

2.可以了斷的，訂一個終止的方案。

比如說有人向你借了錢長時間不還，你心裡總記掛著這件事，一想到就心生煩躁，你就需要對此做個了斷，告知你的朋友借的錢該還了，如果無法全額還清，就手頭上有多少先還多少，剩下的部分約定一個具體的時間再還。明確告訴朋友這件事情需要了結，要怎樣處理。如果朋友要賴拖延，你要告訴他，這件事情現在必須要有一個明確的答案，不能含含糊糊滯留在你們之間。如果他不想還錢，朋友不想做了，那麼你就接受，但是要把話都跟他說明白。用這樣的方式，給這件事情做一個了斷，從此心裡不再記掛。

再比如說你的人際關係，如果跟某些人相處得很不舒服，你就需要離開他，該面對的遲早要面對，不如儘早做個了結。

3.可以取消的，馬上取消。

比如別人邀請你參加活動，你不太想去，那就拒絕他。拒絕只需要幾秒，勉強接受後的虛與委蛇、委曲求全卻會耗費你大量的時間和心力。

取消訂閱你不喜歡的帳號與頻道；書看了一半如果覺得不好看，不想繼續看下去，即便它是一本新書，或評價很高的經典，也毫不猶豫地放下它。

該取消的立刻取消，把你的心力收回來。該止損的時候就得止損，沉沒成本不算成本。

相應地，可以開始的要馬上開始。

你一直拖延的、想要做的、計畫中的事情，你想要去的地方，你想換的工作，你想改變的生活方式，現在就開始執行，邁出第一步，不要讓未來留下遺憾。

第二，把大目標分解成若干可操作的小目標

一件事情成為心裡的罣礙，可能是因為那件事情太大，一下子做不完。

我想要成為一個畫家——這是一個大目標。今天通宵練畫，明天也不會成為一個優秀的畫家，所以你要把這個大目標進行分解，分解成一連串可操作的小目標。

舉個例子，有很多人想在未來轉行，做自己喜歡做的事情，但是能力又不夠，光是空想又實現不了目標；去做呢，又覺得遙遙無期，不知道從何開始。一個宏偉的大目標，要如何實現呢？可以按時間順序把它拆解成幾個可操作的小目標：前期，知識儲備，查找相關資訊，找已經走通成功路徑的人，瞭解需要的技能、知識、資源、資質、各種儲備資訊；中期，安排時間，學習各種技能，累積人脈，進行嘗試，測試能否有收入；後期，準備轉行，準備資金，開始合作、工作等。

你會發現，萬事皆可分解，而一旦分解成可操作的小目標，再宏大的願望幾乎都能實現。

第三，使用待辦事項軟體

頭腦的注意力是很稀缺的，我們記事情要靠系統，不要靠頭腦。頭腦是當CPU去用的，用來精密運算和策劃，不能當成硬碟來記錄事情。我們要把頭腦意識到的待辦事項寫下

來，存到相關工具裡，幫助頭腦減壓，減少心力耗費。

大目標分解成小目標後，變成了很多具體的行動，每個時段做什麼、怎麼做，這些行動不要記在你的頭腦裡，而是用待辦事項軟體記錄，把它們分散到日程當中去。

我常用的待辦事項軟體有 Doit.im 和 SolCalendar，前者是任務管理軟體，後者是日曆軟體。在這裡就不贅述了，有興趣的讀者可以自行研究一下。

第四，清理未完結事宜

事情結束了，影響力並沒有結束，這就叫未完結事宜。

1. 那些讓你的心態無法平衡的事情，就好像還缺少結尾，沒有完成。

有些事情貌似已經結束了，但是它的意義、影響並沒有結束，它一直在持續耗費我們的心力。

有位學員平時工作很忙，疏於照顧家庭。去年，他的父親突發心肌梗塞去世，這事讓他措手不及。現在他一想起父親心裡就非常難受，不願意接受這個事實，責怪自己連父親生病了都不知道，怪自己沒有照顧好父親，常常想要是以前把父親接到身邊一起生活，或許父親就不會這麼突然地離開了。

人生沒有完美，我們總是帶著無法彌補的遺憾和最親近的人相處、分開，這是人類的宿命。父親突發心肌梗塞去世是誰也預料不到的，覺得如果把父親接到身邊照顧就可以避免，只是一廂情願地從結果來倒推而已。接過來後，也有可能發生其他影響父親健康的事，或者搬到一起，父親住得不習慣、不開心，照樣會難受，那時有可能又後悔說，早知道就不把他接過來了。

既然事情已經發生，這位學員應該去提醒自己：「人生本就存在著風險和不可預測性，我們竭盡全力地去愛、去守護親人、愛人，但是也有可能因為各種不可控的情況，無法把他們照顧到最好。感謝父親讓自己明白了生命短暫、人生無常，很內疚自己沒能夠多陪伴父親，但是我要帶著這個資訊，在以後的時間裡照顧好自己，照顧好其他的家人，帶著彌補的心態給他們更多的愛，或許這也是父親希望看到的。」如此引導自己接受事情的發生，對心裡的內疚和遺憾做一個了結，把心力投放到未來和其他親人身上。

2. 事情雖然在做，但一直拖延，遲遲無法結束。

內在心結的意象完結法

將這些事情按照對心力的牽扯程度打分，用「內在心結的意象完結法」去完結它。原理就是，**提取這個事件的意義，把整個事件釋放掉**。步驟如下：

想像螢幕裡播放著令你牽腸掛肚的、沒有辦法釋放掉的某個事件，回顧一下當時是怎樣的場景，有哪些人、怎樣的聲音。

舉個例子：

你一想起某個人，就覺得很內疚，很傷心。

- 你覺得：我對他很內疚。
- 你問問自己：如果這個事件給自己帶來一個意義的話，這個意義會是怎樣的一個隱喻？（隱喻就是一種比喻，你不需要分析，只用直覺判斷。）
- 你說像一束藍色的光，像一顆珍珠，像一枚釘子，等等，都可以。
- 想像自己伸出雙手捧回這個代表意義的隱喻，向它鞠躬表示尊重，然後吸收在自己的身體裡，做個深呼吸。
- 接下來你伸出雙手，想像捧著剛才這個你感覺到的在眼前播放的故事，想像其中的一個畫面，把它端到自己胸前，想像火焰熊熊地燃燒，把整個螢幕都燒掉，把所有的劇情都燒掉，化成灰燼，想像未完結的人、事、能量都燒掉了。
- 灰燼落在潛意識山谷的深處，你對自己說：「是的，這個故事結束了，我選擇完結。」

•然後抬起頭看向未來，大踏步往前走。

透過這個方法，你內在那些沒有清理掉的心結可以得到釋放。

#時光列車的冥想法

你可以把糾結、內疚、放不下的事情，想像成一種可以在手裡把玩的物件。比如你想要留下來的記憶、深愛的人，雖然萬般捨不得，但是已經失去了；你曾經犯下的錯誤，雖然追悔莫及但已無法更改，多年來你始終不放過自己、不敢去面對；或者只是你這段時間不怎麼美妙的情緒、情感。

用一種外化的方式，想像把你內在的種種糾結放在手裡，感覺它們像一顆棋子，或者一顆蘋果、一把小刀。

然後，你可以想像有兩輛方向相反的列車，一輛駛向未來，另一輛開往過去。把你剛才想像到的那些過去的外化形象，如棋子、蘋果、小刀等，無論是否留戀，都放到開往過去的列車上。

你踏上那輛駛向未來的列車，可以隔著車窗，跟開往過去的列車裡面的那些舊物、舊人、舊事揮手告別，跟它們說：「一切都應該有結束的時刻，再見了，所有的意義我會留下，但是我選擇把這些未完結的情緒、情感，交還、清理。」

想像兩列列車啟動，各自飛馳，開往過去的列車奔向過去，越過時空之門消失了，時空之門關閉了。

你感覺隨著乘坐的駛向未來的列車疾馳，你對過去的記憶越來越模糊。

你可以告訴自己：「我感謝發生過的一切，我認同所有的經歷和結果，但現在我決心踏上嶄新、未知的旅程。」

你可以透過這個時光列車的冥想法，讓過去的消失在過去，讓自己駛向未來，活在當下。

【功課】意象完結法：內在的心結清理

1. 找到那些已經完結，但是成為心結的事件，比如：
   - 一直記掛著某人曾經取笑過你。

- 對曾經的某事某人有很強的憤怒或怨恨。
- 對自己某個時刻的行為感覺到羞恥、後悔。

2. 事情已經結束還放不下，是因為你不願意接受這個結果。用意象完結法進行清理的步驟：

①閉上眼睛，想像你眼前有一個螢幕，在這個螢幕裡重播這個事件，回顧當時的畫面，回顧當時自己身體和情緒的感受。

②看著螢幕中的事件，問自己：如果這個事件能給自己帶來什麼意義的話，這個意義會是怎樣的一個隱喻（比如，藍色的光，一顆珍珠，一枚釘子……）。

③想像自己伸出雙手捧回這個意義的隱喻，鞠躬表示尊重，並把這個隱喻吸收在身體裡。

④伸出雙手，捧著這個螢幕，想像螢幕下面就是自己潛意識裡的掩埋場。

⑤想像用清理的火焰燃燒掉整個螢幕，燃燒掉所有的劇情，所有過去的故事化成灰，灰燼落在潛意識山谷深處（就如同垃圾掩埋場做的焚燒填埋的工作）。

⑥對自己說：「是的，這個故事結束了，我接受所發生的事，我接受所有的結果。」

⑦抬頭看向自己的未來，跨過眼前潛意識裡的掩埋場，往前走幾步，做幾個深呼吸。

04 管理你的時間，告別懶惰拖延

㈠超級時間管理法

在極簡清理法中有一個很重要的內容，那就是時間管理。

時間有幾大特性：

第一，不可增減，無論你是貧窮還是富有，無論你是男是女，是老是少，每個人每天的時間都是一樣的，都是不多不少的二十四小時。

第二，不可缺少，你的任何行為，任何娛樂、學習、工作、休息，都需要花時間。

第三，不可儲存，今天沒事幹，想把時間存下來明天用——不可能！它沒有辦法存儲。

第四，不可替代，沒有任何東西能夠代替時間。

但是，時間是可以被管理的。

眾所周知，除了天賦和運氣，一個人能不能實現自己的人生目標，達成世俗意義上的成功，關鍵就在於他的精神熵，就是他對自己的能量、心力、時間的分配管理情況。

大部分人的智商相差無幾，而能力是可以慢慢培養的，那麼最關鍵就是心力、時間、效率和方法。

時間×心力的聚焦度＝投入量。

葛拉威爾（Malcolm Gladwell）在《異數：超凡與平凡的界線在哪裡？》（*Outliers: The Story of Success*）中指出，一萬個小時的錘鍊是任何人在某一方面從平凡變成世界級大師的必要條件。也就是說，如果你每天工作八小時，每週工作五天，那麼成為你所從事的領域的專家至少需要五年。

我倒是覺得可以把「至少需要五年」改成「只需要五年」，只需要五年你就能夠成為某方面的世界級大師，你不覺得心動嗎？如果你再勤奮一點，有可能四年就可以了，四年就可以讓你的生活狀態有一個質的改變。這說明，成功是有可循的方法的，其中，時間管理就是一個行之有效的好方法。

人生十項目標：確定自己的人生目標排序

時間有時是我們的朋友，有時是我們的敵人。當我們因為熟悉而開始忽視它的時候，它就會變成我們的敵人，把我們青春歲月的夢想、激情、憧憬、動力全部消磨掉。隨著時間的逝去，我們看見的只是鏡子裡自己慢慢後退的髮際線而已。

時間在得到有效的規劃和分配之前，就是一把歲月的「殺豬刀」，一刀一刀讓你變得老氣、萎靡。

所以，先來看看我們人生的十項目標，製作一個「人生十項目標優先順序評分表」。

第一，精神，也就是我們精神層面上的一些追求。

第二，健康。

第三，知識。

第四，修養。修養包括一個人的品格、操守等等。

第五，愛情。
第六，家庭。
第七，朋友。
第八，社會。指你為社會做了多少貢獻，產生了多少價值。
第九，事業。包括你在某個行業領域的影響力。
第十，財富。

人生十項目標優先順序評分表（範例）

人生十項目標		分數		
		目前	目標	優先順序
1	精神	7	9	
2	健康	5	9	3
3	知識	6	8	2
4	修養	7	8	
5	愛情	6	8	
6	家庭	7	8	
7	朋友	7	8	
8	社會	3	8	
9	事業	5	9	1
10	財富	4	8	

第一欄，給你自己目前在人生十項目標方面的實現程度打分數。比如可能你家庭幸福，但積蓄不多，那就是家庭一欄的分數高一些，財富欄的分數低一些。根據你自己的情況合理打分數。

第二欄，標注你想要在人生十項目標方面達成的實現程度。比如你想要埋頭衝刺事業，不考慮愛情，那麼事業的目標分數可能就是九分，愛情是四分。根據自己的打分標準來填寫，然後看看同一個項目，目前與目標的分數差多少。

最後，定下對自己人生目標的投資優先順序。想要把人生十項目標一下子都實現是不可能的，要有取捨、有先後。可以先定下來最想提升的某三項，比如說有可能是事業排第一，知識排第二，健康排第三，或者健康排第一，精神排第二，家庭排第三，都可以。

排好了優先順序以後，看一看我們每天二十四小時的時間是怎樣分配的。接下來做一個「每日時間分配計畫表」。

每日時間分配計畫表（範例）

項目	時間分配（小時）		
	目前	計畫	
吃飯	2	1.5	
睡覺	8	7.5	
通勤	2	2	同時用來學習
上班	8	8	利用1小時收集創業資訊
玩手機	2	0.5	
親子	1	0.5	
學習	0	2	
娛樂	1	0.5	
健身	0	0.5	每週平均
創業計畫	0	1	
合計	24	24	

比如，你現在的每日時間分配是：吃飯兩小時，睡覺八小時，通勤兩小時，上班八小時，玩手機兩小時，親子時間一小時，休閒娛樂放鬆一小時，剛好是二十四小時。

你會發現在這二十四小時裡，沒有關於學習、健康、創業相關的事項，你的時間基本都花在了吃睡玩和通勤、上班的例行事務上。這樣的時間分配怎麼可能改變命運？所以，我們需要重新規劃自己的時間。

吃飯可能減少為一．五小時。

睡覺變成七．五小時，每天少睡半小時並不影響什麼。

通勤的兩小時可以同時用來學習，在這期間，可以學一些比較輕鬆的內容，拓展知識面。注意，如果想學有深度的內容，就要確保你的交通時間可以完全放鬆，比如你搭捷運、坐計程車的時候，你不需要操心其他的事情，那麼通勤的這兩小時就可以完全用來學習。但如果你是自己開車，那麼這兩小時的利用率就會很低，只能聽一點輕鬆愉悅不需要思考的內容，因為你還要顧及交通安全。

上班還是八小時，一般固定不變。

玩手機的兩小時減到半小時，也就是我們之前提到的減少手機等3C產品的使用，只在固定的時間抽出半小時快速處理一下手機裡的訊息。其他的娛樂活動也可以減少半小時。

親子時間有可能還是一小時，但你也可以稍微減少一點，讓你的伴侶、父母、保姆幫忙分擔一些，這樣你又可以省出二十分鐘或者更長的時間。

這樣的話，深度學習的時間就可以增加到兩小時左右（加上通勤利用的兩小時，固定學習時間變成了四小時）。

然後，還需要利用一些碎片時間，考慮一下自己未來的發展方向、人生規劃，學一些專業系統的知識，為未來的轉型做準備。此外，你還需要每週增加半小時的健身時間，這樣的話，你每天投資在自己身上的時間大概多出了四小時。

根據一萬小時定律，這樣你大概花十年的時間就會改善自己的人生。如果想要加速這個進程，還可以重新調整自己的時間分配，再從別的地方分出一些時間投資自身。

吞青蛙工作法：確保重要的工作先完成

我們已經明確了人生的方向、想要改變的東西、每天每週每月要做的重要事情，然而，我們很難去挑戰和完成那些看上去很麻煩、難度係數很高的重要的事。

有本極暢銷的時間管理書籍——《時間管理：先吃掉那隻青蛙》（*Eat That Frog!*），書中用醜陋的青蛙來比喻那些對我們來說重要的事，它讓我們感覺很有壓力，令我們望而卻步，遲遲拖著不想開啟，將其他一些無關緊要的小事、雜事、瑣事用蝌蚪來比喻。

作者博恩・崔西（Brian Tracy）說，如果你必須要吃掉一隻青蛙，就算你一直坐在那裡盯著它也無濟於事，還不如馬上行動，把未來變成現實，一口一口吃掉「醜陋的青蛙」，確保自己每天先完成重要的工作。

如果你每天早起第一件事就是吃掉一隻「青蛙」，你會發現這一天就不會有其他更糟糕的事情；如果你必須吃掉兩隻「青蛙」，那就先吃那隻長得更醜的——就是更加棘手的那件事。

要保護自己每天的「青蛙時間」，也就是每天吃一兩隻就夠了。不要讓它變成你的負擔，要讓它在你的能力、精力範圍內，這樣才能持續、有效地執行。如果你的心力、能力足夠，每天也可以吃三隻「青蛙」。這些「青蛙」是指你每天需要讓自己完成的、跟未來密切相關的、投資在你自己身上的那些重要的事，或者是你日常工作中最關鍵的事，把它們率先「吃掉」（完成）。

你可以把每天每週每月每季度每年的「青蛙」都挑出來，放在你的時間管理軟體中，優先處理。

時間管理的四象限理論：把工作按照重要程度和緊急程度進行劃分

著名的管理學家史蒂芬·柯維（Stephen R. Covey）曾提出一個時間管理理論，即把事務按照重要程度和緊急程度進行劃分，這樣就將事務劃分為四個象限：

第一象限：重要且緊急的事務。

就是那些你沒有辦法推掉的重要且緊急的工作，包含時間的緊迫性、影響的重大性。

就像家裡著火了，如果拖延就會造成嚴重後果。

第二象限：緊急但不重要的事務。這類事看起來很緊急，但並不重要，即使不去做，也不會對工作和生

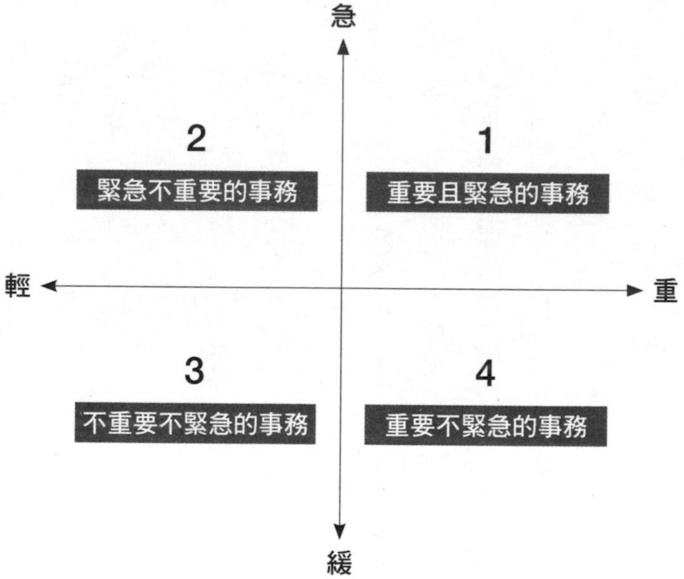

活造成太大的影響。

比如，臨時來了個客人探望你，你需要去接待；接到電話催你，打麻將三缺一趕緊來；或者飯剛煮好，家人讓你趁熱吃……。

這些事情緊急但並沒有多麼重要，迫不及待地做這些事情，只會讓你耽誤重要的工作。

第三象限：不重要也不緊急的事務。

比如發呆、上網、追劇、看電影、購物……這類工作可以最後去處理，甚至可以放棄，等到有空再去做。

第四象限：重要但不緊急的事務。這類工作，如果拖延，將阻礙工作進度。

重要但不緊急的事情，很容易被人忽略，這類事情其實就是我們每天要吞掉的「青蛙」。比如，公司要求你制訂今年的銷售計畫，如果拖延它，就會影響公司各部門的工作進度。

看一下自己的四個象限，時間都是放在哪裡的。

令人遺憾的是，大部分人可利用來提升個人的時間，都用來做「不重要不緊急的事務」，因為在這個象限裡面比較輕鬆、舒服。

創建並嚴格執行每天的待辦事項清單：無所遺漏，無須擔心

把每天所需要處理的事情都列在每日待辦清單裡面，然後隨時隨地打開清單看一下，就知道接下來該做什麼了。

我們要用一些軟體來輔助完成這個工作，不是我們的頭腦不行，而是我們需要釋放心力。待辦事項清單幫助你解放頭腦，把所有的事情從你的頭腦裡清理出去。讓你在一天結束躺下睡覺的時候，心無罣礙、睡得舒服；一天開始做事情的時候，也心無罣礙，因為你知道所有的事項都在待辦事項清單裡安排好了，無所遺漏、無須擔心。

我們的頭腦的確會忘記很多瑣碎的事情，比如汽車何時需要保養，駕照哪時需要換發，淨水器的濾芯需要更換；或者哪天是哪個朋友的生日，哪天是交往紀念日……那麼多的事情如果都記到你的頭腦裡，記憶體、頻寬都被占滿了，你所剩無幾的心力還能做什麼呢？

番茄工作法：因為很投入、效率高而越來越喜歡工作

番茄工作法是一種很重要的時間管理方法。對一些工作效率不高的人來說，番茄工作法的核心就是告訴他們，有個很重要的任務需要聚精會神、百分之百投入。

用番茄工作法的時候，基本上選擇的都是我們的「青蛙」項目，一般都是設置半小時或

者一小時，在這個時間段裡完全投入，杜絕任何打擾，將手機關機或切換成飛行模式放置一旁，然後告訴身邊所有的人：「我現在開始用番茄工作法工作，這一小時裡面，請任何人都不要來打擾我，不要進我的房間。」這是番茄工作法的環境搭建。

在運用番茄工作法的時間內，你要非常投入、認真，除了一個「番茄鐘」和你想要吃的「青蛙」，不要想其他任何東西。如果在這半小時或一小時的番茄工作法時間裡，你沒有表現好，那就要給自己懲罰再加鐘，思緒遊走了你就要把它拉回來，再自我懲罰。

番茄工作法的核心理念，就是營造一個注意力聚焦、相對封閉的空間，讓我們的工作效率達到最高。

番茄工作法是很容易教給孩子的。孩子平時獨立做作業的時候很容易分心，番茄工作法會讓他覺得好奇而喜歡，再者番茄鐘也增加了孩子做事情的儀式感，最終會幫助孩子形成專注、規律的學習習慣。

當你習慣了番茄工作法以後，你會因為工作時很投入、效率高而越來越喜歡工作，形成良性循環。

掌握時間原則：事情分類，要事優先

首先，你需要學會拒絕，對無意義的事情堅定地說不，拒絕消耗自己。你沒有辦法取悅所有人，有些相處起來除了消耗時間，沒有任何趣味、營養的人，你要毫不猶豫地拒絕。

其次，為了節約時間，刪除那些可以不做的事情。可做可不做的、不重要的事情就不做，防止興趣的無限擴大。人有興趣愛好固然怡情，比如種花、釣魚、養寵物，但興趣過多就會消耗時間。

有個一－三－五法則，建議把每天要做的事情控制在九件以內，並按照如下規則安排：

✓每天一件重要任務
✓每天三件中等任務
✓每天五件小型瑣事

「一」有可能是一件重要緊急的你不得不去做的事情；「三」就是你的三隻青蛙，重要、不緊急的事情；「五」是每天的瑣碎事情，比如下班後取快遞，給孩子添置一個玩具，等等。

時間的分級和複用

我們要區分什麼是黃金時間，什麼是泥巴時間。黃金時間做黃金事情，泥巴時間做泥巴事情。

比如，下班後晚上的七點到十點是黃金時間，如果是週末待在家裡，上午的十點到十二點，下午的兩點到四五點，都是黃金時間；而馬上要開飯還沒吃的這段時間，是泥巴時間，晚上入睡之前，體力、精神都下降的時候，也是泥巴時間。

在你注意力不夠、心力比較疲勞的泥巴時間，安排那些偏娛樂性的、不用動腦子的事情。切忌在黃金時間洗碗、看電視、打牌，在泥巴時間學習、工作。

碎片化的時間也需要運用起來。等車的時候、做飯的時候、排隊的時候，這些都是可運用的碎片時間，可以去處理一些無關緊要的瑣事，比如瀏覽網路上的商品資訊，跟老友閒聊，等等。當然，你需要提前把那些事情羅列在待辦事項軟體中，這樣當你處於碎片時間的時候，就可以點開軟體及時處理。

讓資源幫你工作

不擅長的事情找專業人員或專家來做，只做自己擅長的事情。

用錢去換時間，買菜不必去菜市場，手機下單，外賣送達，打掃可以請家政服務員來家裡幫忙。

我們花在通勤上的時間越來越多，因為我們總是為了省錢住在離公司很遠的地方。但其實，每個月多花五千塊租離公司近一點的房子，每天就可以多出一兩個小時來學習、進修、升級。一年下來，多花六萬元，但收穫是成倍的，不僅節約了上下班的體力，還透過學習獲得了更好的工作，收入翻倍。

如果經濟條件允許，就應該花錢請專業的人做專業事務，把你從日常的瑣事中解放出來。省出來的時間，一方面用來享受生活，一方面實現自我增值，這樣當機會來臨時，你就可以一下把握住。

㈠對抗拖延症：拖延是對惰性的一種縱容

掌握了超級時間管理的方法和技巧，就可以幫我們有效對抗拖延症這個頑疾。

拖延症是當代社會普遍存在的人類重症，最常見的一種場景就是：週一開會，你需要提交一份報告，你明明知道這個報告很重要，但你就是沒辦法靜下心來坐在電腦前去做。週末整整兩天，你一會兒玩遊戲，一會兒看電視，一會兒抓起手機跟朋友熱聊，不知不覺就到了週日晚上的八九點鐘。這時你終於著急了，坐在電腦前卻一個字都寫不出來，等到凌晨家人都睡了，你終於有了一點靈感，也不得不下筆了，開始拚命一直寫到凌晨三四點。第二天帶著兩隻紅眼睛、黑眼圈和錯漏百出的報告去公司。

這還算好的，拖延了以後起碼能有所彌補，更多的拖延症患者則是拖著拖著就把事情給拖過期了，不了了之，一事無成。

拖延是對惰性的一種縱容，一旦形成習慣，它會殘忍地消磨人的意志，讓我們對自己失去信心。

拖延剛開始只是個小問題，等你把事情往後拖了又拖，就會形成一種神經性慣性，變成一個大問題，然後你就開始逃避，不想面對。拖延症的癥結就是你已經形成了固定的模式，你目前的狀態不足以支撐你改變它。

我有一位做品牌行銷培訓的朋友，做得非常出色，他的每個課程都售價不菲。課程培訓之前需要寫教材，但他是個重度拖延症患者。

如果確定三個月後要開課，換了我，可能在第一個月就把所有的教材寫完，第二個月把教材重新思考、打磨一遍，開課前一週把自己的狀態調整到最好，爭取能在教材基礎上講出更多延伸的內容。

但是我這個朋友因為有拖延症，開始的時候是永遠沒有辦法進入工作狀態的，三個月的時間轉瞬即逝，直到要開課的前一天晚上，他還在準備教材。幸好他有一個優勢，就是壓力到達極限的時候可以文思泉湧，透過這種把自己逼到死路上的方法，把創意逼出來，也能完成工作。

這也是非常痛苦的，因為前三個月對他來說也是一種折磨，有一件必須要做但遲遲沒有開始的事情懸在心上，心力會不斷耗費，到了最後一天，萬一有個閃失，體力、心力跟不上，這麼龐大的專案就打了水漂了。他也很痛苦，因此決定讓我幫他設法對抗拖延症。

陷入拖延怪圈時的心理活動

第一，除了這件事情，其他什麼事情都願意做。

尤其是我們定下的那些宏偉的目標，涉及詩和遠方的波瀾壯闊的遠景，想起來就覺得很累，先擱置一下，除了這件事，做其他雜七雜八的事情都可以，打掃都比這些學習、進步的事情要好。

第二，要幹大事了，要改變自己的人生了，要開始投資自己了，不過幹大事前先娛樂一下吧。

第三，雖然感到慚愧、內疚，但不是還有一點時間嘛，這本書估計一週看完，大不了我最後兩天不睡覺把它看完。

第四，拖延到時間全部耗完了，就開始暴走了，忙得要死。

第五，任務可能無法完成了，開始焦慮，就算最終勉強完成，也後悔怎麼管不好自己，搞得這麼疲倦。

拖延的本質是因為沒有辦法延遲滿足，是因為我們需要不斷獲得簡單的愉悅，沒有辦法忍受精神的投入，沒有辦法進入心流的狀態。

拖延帶來的那種逃避，雖然能讓我們獲得短暫的滿足，但也會帶來很大的副作用——內疚、自責等種種痛苦。

拖延的其他原因

第一，逃避困難和責任，不願意接受任務。

第二，如果做不到完美，就寧可不做。這種完美主義情結會導致拖延，總覺得要把所有的細節都想到，規劃好再做，結果就是一拖再拖，遲遲不能開始。其實這是害怕失敗，是畏難的一種表現。

第三，掩飾自信心不足。很多人喜歡把事情拖到最後完成，這樣即便是在短時間內完成了任務，即使結果很糟糕，沒有達到最佳水準，也可以安慰自己是時間不夠。

第四，缺乏毅力，沒有辦法堅持。拖延症患者沒有辦法面對長期艱苦的工作，同時會自我安慰，說：「我沒有真的放棄，只是往後擱一擱。」

第五，沒有辦法自我約束，容易分心。

第六，沒有高品質的時間，就做一些雜七雜八的事情讓自己變得很忙，避免自己內疚。

第七，認為自己的預期回報和目標太遙遠。十年以後才能成功，那今天就算了吧，吃飽喝足追追劇，今朝有酒今朝醉。

當目標太遙遠的時候，很多人會鬆懈、會放棄。因為他沒有必勝的信心，所以得過且過，混一天算一天，缺乏動力。

第八，這個是最為關鍵的——做事的時候沒有好的體驗。因為人的本能就是逃避痛苦，如果你讓自己每天很痛苦地去做重要的事情，就很難堅持。

比如我那個拖延寫教材的朋友，其實不是有拖延症，而是不會調整自己的狀態。

我問他：「理想的工作狀態是一種放鬆、投入、極致、專注的狀態，你平時很難進入這種狀態，但如果把你所有的後路都斷掉，把你壓到極限，你是不是就能夠非常投入，非常靜心，非常有創意地工作了？」

他說：「的確，最後一兩天就是這個樣子，每天工作到淩晨兩三點都沒有問題。」

我又說：「你看，其實你是能夠進入理想的工作狀態的，但因為你不會管理自己的狀態，平時一直在拖延。你如果會管理自己的狀態，就可以在三個月前把自己調整到這個狀態，這樣你就有足夠的時間在一個理想的狀態裡去打磨你的工作了，對吧？」

首先，我把他自認為有拖延症的這種觀點，變成了一個他不會進行自我狀態調整的問題。然後，我告訴他想像自己在一個很好的狀態裡面，以及周圍是怎樣的一種場景。之後，我讓他回去以後把辦公空間清理乾淨，把桌面收拾整潔。得知他喜歡塑像，我就建議他在書架上擺放一個代表自己信仰的塑像。我還建議他工作的時候，用一盞光線適宜的燈，確保視野當中明亮的地方只有這一塊工作環境，其餘地方都是相對暗淡的，這樣能夠幫助他集中注意力。

這樣做了一段時間以後，他說效果非常好，現在已經可以按計畫工作不拖延了。

拖延分「期限拖延」和「個人事務拖延」兩種

如果你理解了人的潛意識心理，就更容易改變自己或他人。

認知科學把拖延分成期限拖延和個人事務拖延兩種。我們大部分的拖延都屬於期限拖延，比如你有篇論文要寫，要寫年終總結，月底要做財務報表，答應了在耶誕節前親手做一個禮物給孩子……這些都是有時間期限的事項。

比期限拖延更嚴重的是個人事務拖延，通常都是跟自我提升有關的。我們曾經給自己制訂過很多的計畫、目標：一年內讀一百本書，上一百節網課，要到各國旅行，每天要健身一小時……最後都是交給「明天」，然後不了了之。

最麻煩的也是個人事務拖延。因為期限拖延至少還有個「deadline」在掌控著你，無論你上學還是工作，都有個組織、有個人逼迫著你，時不時推進一下。個人事務拖延卻沒人盯著，但它又是很重要的，因為關係到你未來的發展。假設你在個人事務、自我成長方面三五年沒有努力過，三五年內收穫的只是回覆訊息的速度越來越快，表情圖案越用越順手，那就很麻煩了——你的精神熵已經變得越來越大。

我們跟隨著安逸遊走，把時間都浪費在娛樂、休閒中，拖延學習任務，逃避自律，我們的熵值就會越來越大。我們輸出能量，增加自己的混亂度，扼殺了自己的決斷力。

拖延產生的壓力會導致罪惡感，「對任務的恐懼花掉了比執行任務本身更多的時間和精力」。拖延最可怕的地方就是，一旦形成習慣，你將沒法改變自己。拖延的人沒有辦法掌握自己的心力、注意力、決斷力，總是被迫面對截止日期，沒辦法做好時間管理，長此以往，就會變得更像是生活的旁觀者，更不要妄圖改變人生了。

所以，**我們要和精神熵增逆向而行，我們要明白如果失去了自控和自制，我們的人生會被拉扯下滑，我們要不斷地降低我們的精神熵**。

精神熵值最小的時候，五大原力最大。五大原力最大的時候，你本身就處在一種極具行動力的狀態，你不需要考慮拖延不拖延的問題，因為你已經處在一種投入工作的狀態中了。

要降低我們的精神熵值，需要增加能量，增加自控，增加自制。

有時候，你的確會覺得累，覺得消耗能量，因為精神熵要減少，本身是需要吸收能量的。

好的一面是，一個人的狀態躍遷到了更高的維度和層次，如同量子躍遷一樣（量子躍遷的時候需要吸收光子，吸收能量，跳到一個更高的維度、軌道，在那個軌道相對來講它更穩定平衡），就更加容易維持在一個更高的維度上，更加容易修復。

㈠ 改變拖延的八大方法

第一，把工作分成小塊

比如你要寫一篇畢業論文，如果你把自己的目標定為「寫論文」，那就感覺有點累、很難執行。你可以把它拆解成每天的小目標——收集素材、起標題、寫目錄、寫某一章節、修改……這些具體內容會讓你覺得很容易操作。

第二，減少其他的選擇，要專注

有本書叫《成功，從聚焦一件事開始》（*The One Thing*），它宣導的一條原則，就是透過問自己一個問題來開啟工作，這個問題就是：**哪一件事情可以讓其他事情做起來更簡單，那麼那件事情就有可能是啟動你工作的第一步。**

第三，建立專注的環境

要遠離床、沙發、手機、電視、網路等那些充滿誘惑的因素，讓自己的工作環境變得簡潔、舒服、更容易專注。

你如果在一個像雜物堆一樣的工作環境裡，就先去做斷捨離的清理。

如果你家裡空間很小，很多人擠在一起，沒有單獨的地方，那你就尋找一個高效的環境，如圖書館、會議室、自習室。如果環境裡有人在安靜地看書、學習，就更能幫助你進入投入的狀態。

第四，堅守時間，堅守期限，拒絕藉口

如果今天你決定要用一小時的時間讀書、寫字或工作等等，那就要堅持做一小時。如果沒有做到，就必須在下一天補上，或者給自己一定的懲罰。堅守期限，要小心各種各樣的藉口。可以設定倒數計時的鬧鐘，在這期間儘量不要讓自己離開那個區域，完全投入其中。完成後可以給自己一定的獎勵，激勵自己堅持下去，養成習慣後，才不會半途而廢，拖延磨蹭。

第五，未來加壓

想像你無法完成任務，事情沒做好，最後失敗時，別人對你的懲罰和你對自己的痛恨。

有位學員曾經問我是否有過拖延的情況，又是如何對待自己的拖延和懶惰的，我的答案

就是「未來加壓」。

比如，我經常需要設計課程、做教材、培訓演講等，每當我無心工作、有拖延傾向的時候，我就會設想準備不充分、課程設計很粗糙的自己，在培訓的時候漏洞百出、留下笑柄，失去很多學員的信任，令公司蒙受損失，自己的事業也從此停滯不前……想到這些我就會打個冷顫，趕緊打起精神專心投入工作。

第六，身邊人的監督

你可以告訴周圍的人，你某段時間內要做一件什麼事情，需要他們的監督。

我們有時候會在意對別人的承諾，如果你告訴孩子自己這週要把某件事情做完，你就會覺得自己做不完這件事本身不要緊，但若是對孩子樹立了壞榜樣後果比較嚴重，你就有可能會鞭策自己把事情做完，不再拖延。

第七，用休息和娛樂獎勵自己

當你把該做的事情做完了，制訂的目標完成了，你可以獎勵自己休息娛樂一下，比如獎勵自己去吃一頓奢侈的大餐，看一部很想看的電影，外出遊玩，或者睡個懶覺。

其實，馬戲團的動物就是這麼訓練的，黑熊騎三輪車、獅子跳火圈，都是在每次完成任務後，給牠們吃點東西作為獎勵，原理就是把痛苦的工作和快樂的事情連結在一起。

人其實也是一樣的道理。人不是天生就愛學習的，普墨克原則（Premack Principle）說，**如果你在完成一件不喜歡的事情以後，緊接著做了一件喜歡的事情，就會削弱你對前面那件事情的不喜歡**。簡單地說，就跟訓練動物一樣，艱苦的工作完成後，你就獎勵自己一下，後面的愉悅感被強化了，你頭腦的記憶就會覺得，我做了一件辛苦的事情，其實最後是很愉悅的，下一次你就能夠更加積極主動地去面對。

第八，做良好感知的遷移

想像你完成了這件事情以後，你會多麼開心、自信、充滿力量，對自己更加認同，生活得到更多的提升和收穫，也獎勵了自己很多娛樂活動，然後把這種快樂的感覺轉移到目前的工作狀態中來。

在這一方面，我們比人工智慧差一些，因為我們還需要去克服自己的負面情緒，但人工智慧沒有情緒，這也是它最大的競爭力。如果你任由自己隨著惰性去拖延，那麼恭喜你，你連自己口袋裡的手機都拚不贏。所以，我們必須學會管理自己的情緒，掌握自己的狀態。

【功課】來自未來的「Boss」

想像你來自未來，是二三十年後的自己，那時候的你很成功、春風得意、精力充沛。先感受一下自己在未來的美好狀態，感受那時的你的信念、想法。

來自未來的你是現在的你的「Boss」，他會每天或每週給你分派任務，不論你高不高興都得執行，因為他才是「Boss」。

1. 在自己是「Boss」的狀態下，替現在的自己重新設置人生十項目標的優先順序，和每週每月的目標、行動計畫。

- 制訂自己的「人生十項目標優先順序評分表」，以此確定自己的人生大目標。
- 針對自己的大目標，拆分你每月、每週需要達成的目標，並且制定目標表。
- 為自己的目標制訂具體的行動計畫，為每週規定三~五件需要重點去做的事情。

2.有任何的疑問、苦惱，可以向你的「Boss」彙報。你可以用一張桌子、兩張椅子進行模擬。坐在一張椅子上彙報完畢後，換一張椅子，進入「Boss」的狀態，給出指導。

比如：現在的你坐在桌子的一邊，對未來的自己這個「Boss」說：「我知道健康很重要，也看了你給的計畫，但是我覺得鍛鍊很辛苦，我也沒時間，想請老闆您指點。」

然後，坐到桌子另一邊的椅子上，進入三十年後成功的狀態，看著三十年前的自己，告訴自己：「鍛鍊身體只是在最初的第一週會覺得痛苦，很快你就會愛上鍛鍊後大汗淋漓的感覺，你會發現你的體力、精力大幅度提升，身體也變得輕鬆了。現在，你要做的只是把第一週的計畫執行好，而且這很容易做到。」

3.找一個或幾個可以和你共同制訂計畫、相互監督的夥伴、死黨，組成小隊，相互鼓勵。

05 活在當下，擁抱正念

按道理講，人應該越活越智慧、越快樂，因為隨著年紀的增加，家庭事業俱全，財富增多，地位攀升，應該很滋潤才是。但實際上很多人越成長，身心越沉重，快樂的時刻越發短暫而稀少。

兒時的快樂很簡單，放了學把書包一扔、往外一跑，呼朋引伴打水仗、打彈珠，玩什麼都覺得很開心。成年後卻需要事先規劃很長時間，跑到很遠的地方旅行，花掉很多錢，才可以短暫地開心一下。

(一)人會痛苦的根本原因

佛教認為，世間有八苦，世人都逃不過。

這八苦分別是：生、老、病、死、求不得、怨憎會、愛別離、五陰盛。

生，十月胎獄之苦且不必說，出生之際，擠在狹窄的產道裡，冒著死亡的風險來到一個陌生、未知的世界上，這痛苦已非言語可以形容。

老，除了生理機能衰退外，各種病痛紛紛找上門來。相比死，有人更怕老。

病，肉體的病痛是一種折磨，精神的疾病更是令人痛苦。

死，是每個人最大的恐懼。死後，對你而言所有的一切就都消失了，你在這個世間積累再多的東西，死後也帶不走，一瞬間全都不見。就像你辛辛苦苦寫文章，寫了十萬字沒存檔，到了最後「啪嚓」一拔電源，什麼都沒有了。這就是死。

求不得，人生在世想求的名利福壽等求而不得，就產生愁苦、怨恨。只要你有所求，你的欲望越強，你求不得的東西就越多。

怨憎會，就是碰到自己憎恨厭惡的人或事。比如你討厭阿諛逢迎、尖酸刻薄的人，偏偏你所在的部門裡就有這樣的同事；最討厭別人抽菸，合租卻碰到菸鬼。自我的觀點越突出，跟他人的界限越鮮明，你的怨憎會就越多。

愛別離，就是你會失去一些你所愛的人。與相親相愛的人生離或死別，都是苦。你獲得的愛越多，別離的苦就越多。

生、老、病、死、求不得、怨憎會、愛別離，這七苦的核心其實是第八苦，五蘊熾盛苦，即五陰盛。

五陰即五蘊，五蘊就是色蘊、受蘊、想蘊、行蘊、識蘊。

五蘊告訴我們，痛苦不是從世間而來，而是從我們的內在產生的。所有的事情都要產生一種意義、一種情緒，而這種意義和情緒是透過我們的頭腦認知而來，要透過我們的視覺、聽覺、感覺、觸覺等等去發揮作用。

色、受、想、行、識中的「色」可以理解為物質現象；「受、想、行、識」指精神上的現象，也就是頭腦的分析、判斷、思考、念頭、情緒、情感、欲望。

所以，我們斷捨離不光是去打掃整理，還要清理源頭上的苦。要借由物質的清掃過程，來清理內心的物欲、苦執。哪怕你清理不乾淨，也要儘量減少源頭的苦痛。物質跟精神息息相關，物質放不下，那精神上的念頭、苦惱肯定也放不下，產生執著則心苦，即便沒有任何事情發生，也會痛苦。

很簡單，你的生活過得好好的，但只要一想到其他人比你更有錢，你就會苦；就算你已經成為世界首富了，但想到有一天你會死，你就會產生更大的恐懼、更大的苦。這樣，你的痛苦是綿延不絕的。

痛苦的源頭是這個有意識的「我」，因為有了這個小「我」以後，「我」害怕滅失，「我」想要擴張，想要永遠存在，所以不斷地產生貪、嗔、痴，想要擁有更多、變得更大，催生了人生八苦，進而讓「我」更加痛苦。一切煩惱痛苦的核心是有這個小「我」，有這個心，有自我的判斷，產生了各種各樣的分析、判斷的念頭，最終形成了痛苦。

很多人有孩子以後，就產生苦，因為擔心孩子會生病、被人蛇拐賣、出意外……念頭一起，苦惱就起。

當你喜歡上了一個人，沐浴在愛河裡，可能對方的手機一響，你的苦惱就起來了：誰傳訊息給他，他為什麼不給我看？你就生了懷疑之心。

所以，煩惱不是事情帶來的，而是腦子裡自己升起來的，頭腦才是「苦」的主人。

有個朋友失業期間到處找工作，連連碰壁。面試到第十個工作還是被拒絕，他非常沮喪，覺得自己真沒用，太蠢了，沒有一家公司願意雇用自己，真不如死了算了。

不過第二天醒來吃飽喝足，他又打起精神投履歷找機會，鼓勵自己說可能第十一家就成功了，堅持就是勝利，好事多磨，說不定有一份非常適合的工作正等著自己呢。

你看，發生了什麼事情並不重要，頭腦當中不同的意義翻滾、演化，才催生你的未來。

我們平常運用頭腦產生各種念頭去分析、判斷，但其實頭腦產生的大部分念頭是全自動的，頭腦並不是完全受「我」控制。頭腦如同一架全自動的機器，學習完了以後自己就會運轉，在曾經的慣性控制下，自發產生各種各樣的念頭。

頭腦是你的祕書，它不受控於你，卻天天幫你做決策，想一些稀奇古怪的東西，那你這個老闆是不是就被它帶跑偏了呢？

正念修行的意義就在於此。

頭腦不可控，情緒也是一樣，情緒、念頭自動自發，導致我們沒有辦法活在當下。沒有正念的時候，就沒有辦法真正享受生活的快樂。

正念減壓的創始人——卡巴金博士（Jon Kabat-Zinn）認為，正念是一種覺知力，就是**透過有目的地將注意力集中於當下，不加評判地覺知一個又一個瞬間所呈現的體驗，而湧現的一種覺知力。**

當我們把所有的注意力集中在當下的時候，可以看見我們瘋狂的頭腦祕書在那兒日夜不停地運轉，拚命地想一些稀奇古怪、烏煙瘴氣的東西。但我們不加任何評判，由此獲得一種能力，就是一種超然的能力，我可以意識到我有個傻祕書，成天彙報些稀奇古怪的不重要的東西，但是我也沒辦法把它開除，所以我會做出區分和取捨，並不會跟隨它的報告行動。比如今天頭腦祕書彙報說，我看最近霧霾很重，萬一得癌症怎麼辦，會不會早死……你需要去跟隨這個資訊嗎？

㈠ 如何正念修行？

第一，專注當下

正念的實質就是遠離人生八苦的第八苦——五蘊熾盛，遠離我們這個問題導向的頭腦。

正念就是讓我們活在此刻的平和之中，接納一切的發生和消滅，所以我們需要去專注當下。當下指的是我們在此時此地全然的一種意識，專注當下最好的方式就是去意識到自己的身體。身體沒有念頭，頭腦才有念頭。當我們意識到自己的身體、意識到自己的呼吸的時候，我們就會把注意力從頭腦中轉移出來。

如果你的注意力全都在你頭腦產生的那些想法、分析、判斷上，你就會掉進五蘊熾盛苦中，從而催生那些求不得、愛別離、怨憎會的痛苦，迷失在想法裡面。

我們的頭腦極其強大，有很強的慣性，專注當下有利於提升我們對當下有意識地覺察的能力。

呼吸正念

做十次緩慢的深呼吸，讓你的肺部完全清空然後又被充滿，把你的注意力全部放在肺部排空的感覺和被空氣再次充滿的過程上。注意橫膈膜的上升和下降，注意肩膀溫柔地升起和下降。

如果這個時候你的頭腦裡還有念頭，看看能不能讓它們來來去去，好像汽車路過了你這間房子。呼吸的時候，可以擴展你的覺察力，讓你能夠注意到自己的呼吸、肺部的清理、肋骨的移動，然後把注意力擴張到你的身體，擴張到你所在的房間，環顧四周，留意你看到了什麼、聽到了什麼、聞到了什麼、觸到了什麼、感覺到了什麼。

呼吸正念最大的作用就是讓我們和我們的頭腦發生脫離，因為我們平時很少去注意我們受潛意識和副交感神經控制的身體，我們很容易掉在自己頭腦的故事裡面，所以我們要訓練我們的注意力，讓它到達以前沒有去過的地方。

#看五樣東西，聽五樣聲音，感受五樣與你接觸的東西

這依舊是一個讓你集中精神並與周圍環境產生連結的方法。

當你發現自己受困於想法或感受的時候，比如當你停留在別人對你不好的想法裡，感到很焦慮、很痛苦的時候，停頓一會兒，看看四周，注意五件你能看到的東西。

先運用你的視覺，你可能看到桌子、窗戶、外面的樹等等，仔細去看，看五樣東西。然後認真聽，聽五樣你能聽到的聲音，可能是空調的聲音、汽車的喇叭聲、你自己呼吸的聲音，等等。

接著去注意五件跟你的身體有接觸的東西，也就是運用你的觸覺。比如，戴在你手腕上的手錶，貼在腿上的褲子，支撐你的凳子，等等。

同時去做上面的事情，即同時看五樣東西、聽五樣聲音、感受五樣與你接觸的東西，這樣就能夠把你從頭腦的故事裡揪出來，這就是正念。

•••

做呼吸正念的時候，我們要達到一種觀照和抱持。

以用正念平息怒火為例：

吸氣，我知道怒火仍然存在。

呼氣，我知道怒火是從我的內在產生的，同時我知道正念也是從我的內在產生的。

吸氣，我知道憎恨是一種痛苦的感受。

呼氣，我知道這種感受已經產生，並且會消亡。

吸氣，我知道我能夠去觀照這種感受。

呼氣，我能夠讓這種感受平息下來。

感受就像一位母親懷抱著哭泣的小孩，把她的關愛傳達出來，那個小孩會感覺到母親的溫柔，慢慢地平靜。

背後的科學原理是：

我們所有的情緒，無論是痛苦還是歡樂，或其他七情六欲的感受，都是人類神經編碼裡的基本程式。

你會生氣、快樂、悲傷、嫉妒、傲慢、貪婪、懶惰、有欲望，是因為這所有的一切早已寫在你的基因裡，它們本身就存在，所以你能夠產生這些情緒。你不可能產生一種不存在於基因序列上的特殊情緒。

我們為什麼會有那麼多的痛苦？其實是我們內在的心性早就孕育了這一切。所以當你怒火升騰、貪妒湧現的時候，你只需觀照它，看到這個程式因為某一個念頭被觸發了。

同樣的事情，不同的人被觸發的情感不一樣。

比如，看見世界首富的排名，有人產生的是憤怒，是仇富心理；有些人觸發的是嫉妒，覺得「也沒看到這人有什麼才能，憑什麼他這麼富有，肯定是家裡有錢啃老得來的」；還有一些人的貪婪被觸發，他也想要那麼多錢，可能會走一些邪門歪道去取財；也有人可能會覺得自己努力一輩子也到不了別人的起跑線，因而黯然神傷，甚至失去鬥志。

同一個事件為什麼能夠觸發不同的情緒、情感呢？因為我們內在的那些心性沒有被療癒，它們都有可能被觸發。觀照，並不是去治療自己，而是看到一個情緒升起來，允許它慢慢地降下去。我們沒有辦法徹底改造我們的基因，但是我們可以不受它的控制，這就是觀照和正念。

有位路怒症患者，症狀有點嚴重，只要是前面的車慢吞吞地行駛，或者有的車不按規矩行駛，影響到他，他就會難以控制憤怒的情緒，常常開窗怒罵。甚至有一次，因為一輛車強行變換車道超車，他路怒症一上來，直接就衝著那輛車撞去，不管自己車上嚇得哇哇大哭的年幼的孩子。雖然憤怒平息之後他也知道是自己的情緒沒控制好，但當時就是控制不住。

他就是非常需要去增強自己的覺知力的人，因為覺知力增強了以後，他才可以去釋放這些負面的情緒。觀照到自己的情緒、念頭，然後才能跟自己的情緒拉開距離，透過其他的輔助練習，漸漸地不受情緒的控制。

第二，正念修行的關鍵是要去觸及最隱蔽的念頭

除了不好的狀態、糟糕的情緒，有更加隱蔽的東西需要被覺察和釋放，那就是我們的念頭。

頭腦是怎樣的一種邏輯程式呢？它透過我們的眼、耳、鼻、舌、身、意，自發捕捉資訊，然後自動加工合成各種念頭，它是不知疲倦、不會停歇的。即便你告訴自己的頭腦靜下來，頭腦也依然會不斷地產生各種稀奇古怪的想法。

內觀就是觀察如其本然的實相，就是透過觀察自身來淨化身心，從而將苦連根拔除。

將苦連根拔除，才是斷捨離「斷」的根本，想要快樂就是要離苦（把苦拔除），把苦拔除的根本就是要去觀念頭，斷掉這個念頭帶來的煩惱。

觀念頭

首先，將注意力集中在頭腦的想法上。

當你去傾聽聲音，或者是去觀外在的世界，或者觀呼吸的時候，你會發現頭腦裡會出現各式各樣的想法。要儘量注意頭腦裡的想法是什麼時候出現的，但不需要去分析具體內容。

其次，讓想法自然地出現和消失。

當想法來了，允許它來，當它走了，允許它走，不需要去管它。那些念頭或想法並不是你，只是大腦呈現出來的一些東西而已。

再次，想像你的想法像電影一樣放映。

想像面前有個銀幕，把你的想法投射到銀幕上。你只是靜靜地觀察，看見這個銀幕裡播放著你所想像的那些情節、念頭、故事。

這樣，你就和你的頭腦、你的想法拉開了距離，你變成了一個觀察者，就不會陷入頭腦的故事裡。

微笑正念

微笑正念就是在任何時候都保持微笑。

早晨起來的時候微笑，起身的片刻做幾個深呼吸，保持微笑，隨順你的呼吸。閒暇時或坐或站，記住微笑，看到小孩、葉子、牆上的畫、車水馬龍，遇到開心的、不開心的事情，都提醒自己，安靜地吐氣吸氣三次，保持微笑。

聽音樂的時候，保持微笑；吃飯的時候，看到食物之前，保持微笑；當你意識到自己在生氣、發怒、嗔恨、嫉妒、傲慢的時候，趕緊做三次深呼吸，保持微笑。

你現在的微笑，不是傻笑，而是覺知以後的行為。

因為你每次都是留意到你在做什麼以後，再去微笑，這就是覺知。這就是讓你的頭腦脫離自動模式的一種選擇，這就是降低精神熵。你在生氣，但你知道你在生氣，這就是正念。

之前我們生氣的時候沒有覺知，就掉到生氣裡頭了，我們就成為那個「生氣」。但是，當你看見自己生氣的時候，你是在這個生氣之外的，這就是微笑正念的力量。我們需要明白生氣這個情緒不是你本身，它只是你當下產生的情緒。誰是行為，誰是主人，這兩者要分開。

 # 解離

所有的這些生氣、苦惱、煩惱等，背後都有個源頭，就是頭腦。頭腦是我觀察世界的工具，但頭腦不是我，把頭腦當成我是絕大部分痛苦的來源。

我們平時容易把頭腦和自我混合在一起，陷入想法之中，並允許想法支配我們的行為。解離就是指我們和我們的想法拉開距離，不陷入想法當中，而是看著它們來來去去。

解離是指關注想法，而不是陷入想法。當你有一個想法，就掉進去了，這就叫作陷入想法。關注想法是指我看見我產生了一個想法。

很多人想到一些事情就開始生氣，這就是你抓住了一個想法。當你扔給頭腦一個想法，它就緊緊抓住了那個想法，開始吞噬這個想法，分析、產生各式各樣的念頭和情緒。讓想法來來去去，是指你意識到你產生了一個想法，你看見了這個想法，但你不分析它。

一位學員向我諮詢說，她的丈夫對死亡有很大的焦慮和恐懼。平時丈夫只要身體稍微有些不適，就會非常緊張，認為自己得了什麼不治之症，去醫院檢查，又查不出什麼病。醫生說是因為他太緊張，與他的心理因素有關。

的確，這位學員的丈夫的焦慮和恐懼都是自己臆想來的。他可以閉上眼睛，做幾個深呼吸，退後一步，想像面前有個滿是恐懼的自己，觀察頭腦裡害怕死亡的念頭。然後做幾個深呼吸，放任這樣的想法飄來飄去，出現又消失，就像天空中聚來散去的雲彩一樣。

遠離我們頭腦中瘋狂的念頭，不讓自己被念頭帶著跑，有一個關鍵性的模型，就是建立一個觀察性的自我。

何謂觀察性的自我？

舉個例子，我們找到一個消極的自我評判的想法和念頭。

我們的頭腦裡每天都會產生各式各樣的想法，假設現在我們在自己紛繁的想法裡找到了「我是個失敗者」這句話，然後我們會發現：對於消極的自我評價，我們大多數時候，都會以「我」開頭來表達，比如「我不會成功，我不夠聰明，我是個失敗者」。

這種表達方式就是融合，你把「我」跟這個想法融合了。

接下來，我們換一種方式，用新的語句重新闡述這個想法，例如，「我現在有這樣的一個想法：我是一個失敗者」。

感受一下這兩種表達的區別：

第一種是「我是個失敗者」，這是一種融合。

第二種是「我現在有這樣的一個想法：我是一個失敗者」，這是一種解離。

你是否注意到，換了一種表述方式後，你突然就跟想法拉開距離了？這就是「ACT療法」[5]的創始人設計的一個很簡單的正念練習，幾乎能夠讓每個人都從中體會到解離的過程。

我們的痛苦在於每當出現一個想法，我們就會跳進去成為那個想法，我們控制不了自己的念頭。

如果我們可以控制自己，需要的時候就跟念頭融合，不需要的時候就跟念頭解離，那我們的人生就會少一些煩惱，多一些快樂。

有時我們需要和念頭融合，比如我們想讓自己的未來更美好，就要相信「我的未來會很成功」。先想到這個念頭，然後跳進去，與這個念頭融合，甚至去誇大它、拓展它，這對我們的人生是有益的，不是嗎？

5 接納與承諾療法（Acceptance and commitment therapy）的縮寫，新一代的認知行為療法，藉由接納、正念等各種行為策略，幫助當事人保持距離地觀察自己的經驗、回憶、想法，以增加心理彈性。如今被廣泛運用在各種疾病的治療上，如焦慮症、憂鬱症、強迫症等。

【功課】鏡中觀照釋放法

這個功課需要持續三十分鐘的時間，用來觀照自己頭腦中的念頭，逐步熟悉和頭腦脫離認同、綁定的感覺。

- 準備一個鏡子，將手機調整成靜音，設置好三十分鐘後的鬧鐘。
- 在自己的左手背上套一根橡皮筋。
- 面對鏡子坐著，看著鏡中的自己。
- 觀照自己的念頭，每當有念頭升起，就用右手彈一下左手背的橡皮筋，讓自己扔掉這個念頭。
- 任何想法，任何思考，任何圖像，任何懷疑、評價、判斷，任何認同，任何內在聲音，任何旁白、畫外音，任何自言自語，全部都要釋放。
- 在這半小時裡，讓自己的頭腦徹底消失掉。

這個功課很有挑戰性，你需要多練習，以此來增強你的覺知力。

PART

4

告別舊關係負累，與新的自我相逢

人們一般會認為「沒有朋友」的人會很寂寞，但實際上他們看起來過得自在隨心，也有更多時間投入到自己想做的事情上面。人際關係到底是一種資源，還是一種負累？

也有人說，人生的煩惱七十％來自人際關係，精簡人際關係便是減少煩惱。那麼，剝去如蜘蛛網一樣纏繞我們的關係，我們就能遇見真正的自己嗎？

01

越深越多的關係，對你的消耗也越大

關係對人來說很重要，一個人無論有了多少金錢、名譽、地位、權力，他所有的一切都需要透過關係來實現。

在所有事物裡面，關係最耗費我們的時間和心力。尤其人到了一定的年紀，父母、伴侶、孩子、朋友、同學、客戶、社團、同事、寵物等等，都會占用你的時間。除此之外，還會有很多虛擬的關係，比網路上的粉絲、見過面的網友等等。

我們會花很多時間和心力去維持一些不必要的關係，卻忽略真正需要維護的關係，因為我們的頭腦總是傾向於去獲取更多，我們總是覺得需要去拓展自己的交友圈，認識一些新人。

(一) 關係最消耗心力，但又是必不可少的

我們為何需要關係？

第一，關係能夠給我們帶來愛和陪伴，比如我們的父母、伴侶。

第二，有時候我們需要傾訴的對象，比如閨密、普通朋友、知己等等。

第三，我們需要一些連結、認同，因此有校友會、同鄉會、同學會等各種社群。

第四，我們需要人脈、社交、資源。很多人覺得在社會上認識的人多就有面子，所以整天跟人吃喝玩樂，認為這就是人脈，這就是兄弟義氣、閨密情誼。

第五，被別人要求的關係。你怕拒絕別人，很多人就會占用你的時間。

第六，我們在情感和欲望上的需求，讓我們被裹挾、勒索，然後又需要更多的親密關係。結果就是，你每天汲汲營營，在各種人之間周旋，卻沒什麼結果；感覺認識很多人，關鍵時刻卻誰都幫不上忙；身邊很多親近的人圍繞，讓你感覺心力交瘁。

建立極簡人際關係

建立極簡人際關係的第一步，就是我們要明白，關係和社交是一種巨大的資源投入和付

出，朋友並不是越多越好，應求質不求量，要反省我們平常的時間是不是很多都浪費在應酬性質的聊天、聚會、飯局當中。

建立一段情感關係之前，先判斷你是否需要，對雙方有個價值評估，預測這段關係是幫你加分，還是消耗你的能量、時間。

你要知道關係是最耗費時間和心力的，一個孩子能耗盡你的一生，一個伴侶可能一天二十四小時都需要應對。如果你給自己增加了太多需要應酬的、需要見面的、需要招呼的、需要關心的外在關係，你就會非常疲累。

普通人的內在決定了他有強烈的需求，想要被看見，想要被認同，想要有安全感。一旦建立關係，則意味著你需要去照顧一個和你一樣不完美的人，你想要索取他的關心、愛、承諾、幫助、關注、關照，他也想收穫你的這些情感。

所以，關係越深，連結越強，對你的消耗越大。

(一) 人際關係金字塔

人際關係金字塔分成以下幾層。

最上面那層是核心關係。

核心關係是指父母、伴侶、孩子，還有你的合作夥伴等最重要的資源。這層關係占據我們大部分的時間。

第二層是重要關係。

重要關係是影響你未來的關鍵人物，你的老闆、上司、投資人、合夥人，還有一些是人際關係的引爆點人物，這些都是重要關係。你需要定期地去維護這些關係。

第三層是朋友們。

可以相互交流，可以一起討論、玩樂，可以相互支援，你無聊時可以找來打發時間的這些人，就是你的朋友。

第四層是可以認識的人。

例如，工作、生活當中，那些和你意氣相投、三觀相契的人，友好熱情而不過度的人

（不過度很重要，因為時間有限，注意力有限，如果沒有邊界感，成天黏著你、纏著你，是很消耗你的）。

最底下一層是你不需要認識的人，這一層其實還包含你需要與其保持距離的人。需要保持距離的人：情緒吸血鬼，在關係當中過度依賴、渴求、消耗他人的人，負能量人群，價值觀太偏頗的人，與你沒有共同價值主張的人，對你沒有滋養的人。不需要認識的人：缺乏愛和能量，負能量比較多的人。

㈠人際關係的升級和清理

第一，看看你目前的人際關係裡，哪些人應該升級，哪些人需要降級清理。決定你的幸福指數的，通常是你最常聯繫的、最重要的那七八個人。關係不是越多越好，否則每個人都得不到足夠的時間去互動。一般來講，最重要的無非是你的伴侶、孩子、父母、密友、合作搭檔，他們承擔了你人生中的愛情、親情、天倫之樂、友誼陪伴、事業夥伴、人生導師等各種功能和身分。

如果你有幾百個好友，對這些好友的重視程度都是一樣的，這些人都需要你的認真陪伴和維護，那你每天還有時間做別的事嗎？

第二，精簡社交媒體上的關係。

如果你在社交媒體上有很多粉絲，你可以設置固定互動的時間，避免耗費心力、時間地一對一互動，或者直接交給別人去打理。

網路上有很多好友，有的你根本不記得是什麼時候、在什麼場合加上的，有的經年累月地不互動，有的甚至根本就不認識，這些都要精簡。

既要保持網路交友圈中朋友的多樣性，也要把那些負面的、洗版的資訊封鎖。

第三，精簡你的社交聚會。

聚會非常耗時間，往返交通耗時不說，還有聚會中不可預估的時間占用。有些週期性的聚會和應酬，除了吃飯喝酒聊天，並沒有什麼有營養的資訊。這些聚會和應酬，都是需要精簡或者避免的。

遠離閒得無聊的人或事；遠離閒人的抱怨；遠離沒有意義的聚會。避免沒事也要一起吃飯閒聊，聚在一起打發時間。

應酬是時間和家庭幸福的殺手。有些行業靠關係吃飯，應酬在所難免，每天要陪不同的人聊天、吃飯、喝酒，以圖搞好關係，獲得收益。但是付出的代價也很大，酒喝多了，有害身體健康，也消耗了時間，或許還會導致家庭幸福指數嚴重下降。要減少應酬，你就需要事先評估這個活動需不需要參加，看看透過這次活動能收穫什麼，有沒有有趣的人想要去認識，有沒有值得學習的東西，或者那些人是否是你的確需要結交，是很重要的人。還可以考慮一下自己如果不去參加，會不會失去什麼特別重要的東西；應酬的這段時間是否可以用來做其他更重要的事，以及去應酬會付出怎樣的成本。

以上這些都是你需要去評估的，這樣才能幫你做出正確的選擇。精簡社交聚會以後，你才可以守住自己內在的中正，內在力量上升了，心性就改變了。你會發現你的影響力並沒有削弱，因為人和人是透過能量交流的，而不是透過飯局和酒量交流。

㈠強關係和弱關係

美國史丹佛大學教授馬克・葛蘭諾維特（Mark Granovetter）發現，在傳統社會裡面，每個人接觸最頻繁的人是自己的親人、朋友、同學、同事，這是一種十分穩定、傳播範圍有限的社會認知，是一種強關係。

另外一種更為廣泛的關係，葛蘭諾維特教授把它稱為弱關係。他發現，其實與一個人的工作和事業最相關的社會關係並不是強關係，而通常是弱關係。

以找工作為例，資料顯示，一百個透過關係找到工作的人中，只有十六・七%是透過強關係，其餘大部分人用到的關係是偶爾見面，甚至一年也見不到一次的弱關係。也就是說，**真正給你帶來機會的，往往是弱關係。**

弱關係雖不像強關係那麼堅固，卻有著低成本、高效能的傳播效率。因為在強關係裡，這些日常交流的人可能相互是認識的，圈子裡資訊比較冗餘，就導致效率低下；而弱關係觸動了不同群組之間的資訊流動，傳播了個人原本不太可能看到的資訊。

弱關係的本質不是人脈，而是資訊的傳遞。如果你曾經有過創業、從商的經歷，你會發現這個過程中大部分用到的都是弱關係。靠強關係的則是因為該行業壁壘森嚴，門檻較高，行業競爭不充分，需要靠強關係來獲得機會。

但隨著社會逐漸開放，機會越來越平等，弱關係也變得越來越重要。

弱關係：透過超級連結者打開人脈

維護關係最簡單的方法，其一是自己拓展關係，其二就是找到一個超級連結者。

超級連結者像往來花間不停採蜜的蜜蜂，他們是資源的平臺和連接點，擁有資源的分配權。透過超級連結者，人們之間的關係變成人－社交軟體－人的三度空間，交流溝通變得更加便捷。你不需要去拓展一百個關係，你只需找到擁有一百個關係的一個人，維護這一個關係，你就可以透過他獲得弱關係。

因為喜歡幫助人而成為超級連結者的人，也會願意幫助你，只要你做人不是太失敗，跟他成為朋友總是容易的，那麼你維護與這一個人的關係也就比較輕鬆了。

你可以透過一個超級連結者擁有一大堆人脈，在海量人脈裡做幾次跳轉，你就可以找到任何你想找的人。

六度人脈理論：我們無須結識成千上萬的人

六度人脈理論（six degrees of separation）是指，地球上所有人都可以透過六層以內的熟人鏈和其他任何人聯繫起來。也就是說，**你和任何一個陌生人之間所隔的人不會超過六個**。這個理論是一九二九年一位匈牙利作家在一個短篇故事當中提出的，一九六七年一位美國社會心理學家設計了一個實驗來檢驗這個理論，證明了「小世界現象」的存在。

這位社會心理學家隨機挑選了一批志願者，要求他們把包裹寄給麻薩諸塞州一個素不相識的人，所有寄件者只知道這個收件人的姓名、職業和大概的位置，其餘資訊一概不知。志願者先將包裹寄給自己朋友當中他覺得最有可能認識收件人或者相關性比較大的人，收到包裹的朋友也如法炮製把包裹寄給自己的一個朋友，以此類推。

儘管最開始的時候，參與者們對包裹能寄到目標收件人手裡所抱的希望不大，認為有可能需要投遞上百次，但最終發現送達的包裹只經過五～七個中間人而已。

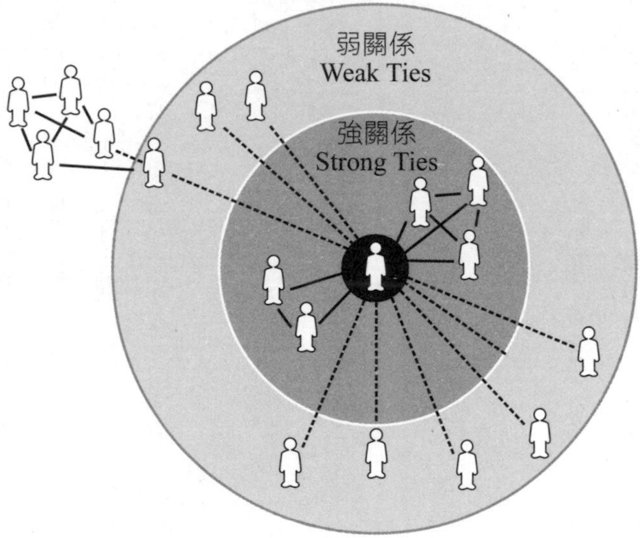

這一實驗驗證了六度人脈理論，說明人脈當中的確有豐富的層次。

根據這個理論，我們拓展人脈，並不需要結識成千上萬的人。

《他人的力量》（*The Power of the Other*）這本書把人際關係分為四個層次，其中最關鍵的第四層次是真正的連結關係，也叫作「能量補給站」，也就是無論你處於什麼狀態，這一層次中的人總會對你提供真誠的支持和幫助。

可以理解為：

第一，用正向影響力帶動你的人。跟他在一起，能收穫知識與指引。這種能量或智慧補給站類型的人，是你需要的。你不需要很多與你平行的人或者比你更低的人。

第二，超級連結者。他有很多人脈和資源。這也是需要你去建立、維護的關係。

第三，你身邊最親近的人。你發自內心喜歡的、熱愛的，想和他們混在一起的那些人。

㈠ 親密關係也需要極簡

如果感情關係很多，甚至同時存在，有太多牽扯，無法平衡，其實你每一段都不能深入、沒法享受。陷入對情感的貪婪、嗜求裡，只會消耗你，內在的內疚、罪惡感只會撕扯你。因為越親密的關係，對一個人的需求、渴望、拉扯、牽引就越多。親密關係是最奢侈的「娛樂方式」，整個人都要投入進去，一旦有幾段關係同時開展，就會對自己造成極大的消耗。你會明白所有的親密關係都牽扯心力，如同其他關係一樣需要極簡。

親密關係如何極簡？

首先，你必須深思熟慮後做出選擇。

到底想要和誰在一起，你需不需要某段關係，你想不想和某個人有一段關係？如果你有很多親密關係，你就需要做出選擇，剪斷多餘的關係。

其次，拒絕誘惑。

人在世界上總會被其他人誘惑，因為別人渴求被愛，你自己也會空虛寂寞。如果沒有辦法拒絕不必要的誘惑，你會被牽扯進一段耗時耗心的關係裡，惹上擺脫不了的麻煩。誘惑本質上沒有對錯，但是一旦你沒有拒絕誘惑，而是接受了它，就可能牽扯出很大的麻煩，甚至讓你付出更大的代價。

再者，要在心中告別那些舊的關係。

舊的關係就是已經完結的關係，你要在內心中和它告別。

難以放下的東西無非是這幾種：對過去的後悔，對親人的虧欠、憤怒，舊的親密關係無法完結、依舊牽連。

所有愛情關係的底線都是，當我們無法再於這段關係中成長時，分開的時間就到了，如果已經分開了，那就必須在我們的內心中把這段關係完結、釋放掉。

我記得有一次，有個朋友來我們公司玩，他走了以後傳訊息給我說，他掉了個東西在我們辦公室，千萬要幫他找回來，因為是他的初戀女朋友送給他的。

其實，如果他知道愛情關係需要極簡、舊關係需要完結的道理，他就應該明白，現在他已經有婚姻了，還把初戀女友送的禮物當成一個很重要的東西保留著是不妥的。這說明在他的內心裡，那段關係還沒有完結，他內在的能量還在被那段關係拉扯著，因此他沒辦法很好地進入現在的關係，現在的關係就會受到影響。

要明白過去了就是過去了，往前走就好，否則總有一部分能量連接在前任那裡，會影響未來家庭、事業、子女等方方面面。

一段沒有澈底完結的關係，或者你覺得完結了但實際上內在還依舊有牽扯的關係，會成為你很多行為的原動力。

比如，你想證明之前那個戀人錯了，你想讓他後悔；你想秀給別人看你過得多麼好，以至於失去自己；你對前任依舊怨恨，把恨意投射在其他人身上；你對前任的付出遭到漠視，失去心理平衡；你覺得沒有了對方你就活不下去，你還很依戀他，就像個無助的孩子想要去尋找自己的父母一樣，苦苦地哀求、等待、期盼復合。

所有這些都需要去清理和釋放。

真正告別舊關係

解決的方法就是尊重前任。只有承認前一段關係，下一段關係才可能成功。每段關係無論多麼短暫，對方都有他的價值，都需要被尊重。我們也需要透過告別舊的關係回到成人的狀態。

成人的狀態就是：這段關係已經結束了，沒有你，我也會活下去，沒有我，你也會活下去。

一個女孩為情所困了十年：十年前因父母反對，她放棄了原有的戀情，選擇和父母介紹的對象談婚論嫁，結果慘澹收場，結婚後一個月閃離。

她覺得這是自己人生的汙點，由於後續幾段感情都不順利，她至今單身，總是埋怨父母，尤其是對母親當時專程趕來干預她的戀情，導致她不能跟初戀結婚耿耿於懷。怨懟和悔恨交織在她的生活裡，令她非常痛苦。

其實，她應該知道，自己是當事人，應該負主要責任，沒有跟初戀結婚，更主要的原因是面對母親的威逼利誘，自己沒有堅持。而閃離這件事帶來的痛苦，更多的原因是她自己對這件事的理解。她可以告訴自己，這不是一個汙點，這是人生中一個很普通的經歷而已，很多人都有類似的經歷，沒什麼大不了的。

當然，要真正告別舊關係，她應該感謝這段經歷，及時了斷舊關係遺留的情緒，無論是對初戀的遺憾，還是對閃離的前夫和父母的怨懟。告訴自己，過去的就過去了，與不合適的人及時分開是好事情。透過以往的情感關係，看到了自己的弱點，感謝這段經歷，從此以後，互不牽扯，一切都歸零，可以開始嶄新的旅程了。

如何擺脫「桃花」（尤其是爛「桃花」）的糾纏

有時候，你並沒有想要去牽扯很多關係，但總是有些「桃花」牽扯到你。你需要在內心做個關閉的儀式，來幫助你完成兩個人之間能量的切割。

內心不做切斷的話，面對「桃花」的糾纏，你要保持禮貌，不能過分，也會很煩惱，所以需要在內心做個關閉的儀式。

你可以閉上眼睛，想像你看見他（她），對他（她）表示尊重，你可以說：「謝謝你對我有興趣，但是很抱歉，我對你沒有興趣，對不起，我決定停止。」然後，你想像把內心的大門關上，把一些你投射在他（她）身上的能量收回來，因為可能你對他（她）還是有些好感，只是不想進一步發展，把這些能量收回來，把他（她）投射在你身上的能量交還回去。

做完這些後，你想像在這份情感能量外面設置了一個防護罩，當他（她）還有更多的感情需求投射過來的時候，這些能量會被這個防護罩擋住，無法進入你的心門。

然後，你可以想像，世界這麼大，雖然你不是他（她）的最佳選擇，還會有很多絕佳的選擇在等著他（她），總有一個人適合他（她），他（她）會被其他的選擇吸引，進入更好的未來。

以上就是關閉儀式。

做完這個儀式以後，你面對他（她）要表現得更堅決，不要發出含糊的信號。含糊的信號就是，你想拒絕又沒有拒絕，半推半就，曖昧不清，給了對方還有希望的錯覺。你需要清楚地告訴對方，你的心已經不在他（她）身上了，你們回不去了，不會再繼續了；或者你對他（她）沒有興趣，你只想跟他（她）做普通朋友，或者根本不需要交往。

你不需要在意對方的失落，如果覺得內疚，你可以告訴自己：「我可以保持這種內疚，但我不想延續這種錯誤的選擇。」你要知道，一旦開始了一段關係，就意味著無休無止的煩惱糾纏。你只需要去保留真正屬於你的關係，而不要讓你的情感變得過於複雜。

【功課】人際關係金字塔清理法

- 梳理你的人際關係金字塔，把你所相處的人填入金字塔，如果人數太少，說明你需要擴大自己的交友圈。

- 看看你目前有哪些關係需要減少時間消耗、進行降級清理，又有哪些關係需要增加投入。
- 看看你還需要在哪個層次中增加人際關係，想想該如何增加。
- 所有的人，在金字塔中的層級位置都可以調整，包括你的伴侶。
- 花最多時間經營你與伴侶、孩子、事業上的貴人的關係。

02 放下對他人認同的渴望，收回自我的力量

渴望得到他人的認同，是一種巨大的內在消耗。

我們經常會考慮別人如何評價我們，擔心別人批評、厭惡我們，我們總是渴望他人的認同，想讓別人喜歡自己。

我們也教育孩子去獲得別人的認同，「你這樣做的話，老師就不喜歡你了，同學會討厭你的，爸爸媽媽就不高興了等等」，這樣的話經常在孩子耳邊重複，會讓孩子形成一種合群的、渴望受到外界認同和肯定的價值觀。

這樣長大後的孩子，總是希望得到朋友、同事、上司、老闆，甚至陌生人的認同，希望得到伴侶的肯定，甚至需要曾經的戀人來認可自己。

我們的教育是獲得認同的教育，是先人後己的教育，先獲得別人的認同，我們才會認同自己。孩子成長過程中，家長對孩子頻率最高的教誨就是「不要打擾別人」、「別人會怎麼看你」、「如果你……別人就會不喜歡你」，等等，這樣一來，外界對孩子的負面觀點，造就了孩子最早期的羞恥感。

這樣教育下的孩子最終會成長為一個渴望受到外界認同的人，隨之帶來一系列問題：做事的時候，總需要被允許、被肯定、被確認，否則就六神無主；無法勇往直前，因為需要透過外界的判斷、評價來確認自己所做的事情是否正確、是否合乎主流、是否受人認同。

這樣的人，需要透過他人的價值觀來確認自己的價值觀，哪怕他人的價值觀並沒有什麼意義，甚至不可靠。

有一個學員，一直覺得其他人對自己的評價很重要，因此總會考慮自己的所有言行其他人會怎麼看、怎麼想。她也一直這樣要求自己的孩子，總是對她的孩子說：「你這樣說，別人會怎麼評價你，別人會怎麼想……。」

她非常在意自己的想法和言行會不會讓其他人不滿意，所以總是揣測和遐想。比如，在社交媒體上的貼文沒有人按讚，她就會認為自己不受人喜歡了；別人發表不同的觀點，她會認為肯定是自己錯了，就會把自己發的文章刪了；其他人只按讚，不留言，她會想是不是對方有其他的想法不好意思說……。

她也很苦惱，覺得如果按照自己所想，想發什麼就發什麼，那是不是太不考慮別人的感受，太狂妄了；如果每發一則貼文，都要考慮不同人的觀點又很累，覺得心力不夠；而如果因為這兩個原因，什麼都不能發了，這日子過得也太憋屈了……。

你想要透過他人的價值觀來確認自己到底做對了沒有，就注定是一個錯誤，注定找不到方向。因為這個世界上不可能有唯一正確的觀點，不可能所有人都認同你。如果沉溺於尋找他人的關注、關愛、認同的渴望中，那你的注意力都將在外界。

(一) 內在不再受外界的是非、價值觀操控

觀點在外界，注意力也在外界，外人看了你一眼，你立刻腦補了一萬種他對你的不同看法。我們在頭腦裡編織大量的故事，都是源於我們希望獲得別人的認同，我們覺得別人的觀點對我們來說很重要。這看上去沒什麼不對，傳統價值觀也是這麼宣導的，但我們去尋找別人的認同時，會非常辛苦：

第一，帶來大量的內在消耗，自我否定。

第二，頭腦裡產生大量對對方語言觀點的揣測，造成混亂疲累。

第三，傾向於去討好別人，缺乏自己的立場，無論別人說什麼，自己都唯唯諾諾。

第四，會退縮，不敢行動，害怕失敗。

這些都是外界對我們的影響和牽制，使我們失去自己的力量。

極簡清理就是要把外界對我們的影響和牽制一點一點地清理掉。

物品的斷捨離是讓我們減少物欲，不因為外物的多少、得失而感覺到焦慮、痛苦、不安。外在的物品清理了，外在的觀點、外人對我們的看法，也要做清理，讓外在的一切都不再影響我們的內在。

我們的內在不再受外界的是非、價值觀操控，這才是真正的極簡清理。

我們對他人認同的渴求由來已久，是在人類從個體向集體的生存模式轉變的過程中形成的，我們的大腦讓我們追求安全、認同、接納，害怕被群體孤立、排斥。

在人類進化的過程中，逐漸有了村落、部落、氏族，我們知道了個體的力量很微小，只有團結才可以讓自己生存下來。因此當我們被集體排斥的時候，被一些主流權威否定的時候，本能讓我們意識到不安全，尤其是在幼年的時候，會建立更深層的被孤立、被排斥的不安全感。

這是與生俱來的生存本能，它根植在人類的意識裡。如果後期的教育也宣導合群、犧牲個體、尊重權威，我們就更容易被別人的認同牽引。

當你被別人的認同牽引的時候，會有以下六種表現：

第一，特別在意別人對你的評價和看法

很擔心別人會否定你、取笑你，因為那讓你感覺羞恥；說話做事的時候，會留意自己給別人留下怎樣的印象，在頭腦裡不停揣測別人會如何反應，自己的言行是否太傻、該如何補救等等；想討好他人，獲得正面的讚揚；容易因為他人的否定而放棄自己的立場，去迎合對方，對別人說的事情一味贊同，甚至根本不考慮其觀點到底對不對。

為什麼有人的口頭禪是「對對對」？因為他下意識地想要獲得別人的認同，很害怕自己的觀點和別人的不一樣，甚至相反。這樣的人甚至覺得對方應該看見自己的表現，應該認同自己，因為自己已經夠迎合、討好對方了，如果沒有得到認同和讚許，他還會生氣、不滿。

#第二，沒有辦法拒絕別人

因為你需要別人的認同、肯定、關愛，你不能讓自己承擔糟糕的感覺、被拒絕的感覺，你不想讓別人失望，很難把拒絕說出口，所以你會很累。

自己只有五千元，還能借出去一萬的，就是這種人。別人一開口，彷彿自己就必須接受。這種人的自我界限是不清晰的，甚至是沒有自我的，別人對他有要求，就好像應該是他自己的事情一樣，接受就變成他的責任和義務。

#第三，想要儘可能地表現好，想證明給別人看

想把所有光鮮、了不起的細節都表達出來，想獲得讚許、驚訝、認同。

這個時候，你的注意力不在自己的內心，而是在外在。你的內心期待一個畫面，就是別人很開心，願意接納你、表揚你。如果別人沒有這種反應，你就會不悅。當看不見驅動你的動力的時候，你追求的目標就有可能產生偏差。

芊芊結婚沒多久，就遭遇無性婚姻和家庭暴力，夫妻兩人互相傷害，惡性循環，加上和公婆一起住，公婆也經常對她冷言冷語。不久，芊芊就產生了非常大的創傷感，經常暴怒，狂砸東西，不受控制地悲傷哭泣、失眠，整天陷在憤怒和怨恨的情緒裡無法自拔，嚴重影響

了正常的生活和工作。她很想離婚，但又怕傷害父母，害怕別人的眼光。因為她的原生家庭很幸福，她從小在人見人羨的優渥家境中成長，怕暴露自己的婚姻狀況被他人嘲笑。

芊芊這個情況非常典型，她就是注意力完全在外，自己的婚姻狀況如此惡劣，不思考如何快刀斬亂麻地解決問題，反而想著那些不相干、不重要的外人會怎麼看她，自己不如以往光鮮會不會遭人恥笑。

這其實是一個一目了然的問題，更新一下思維，馬上就可以結束在惡劣婚姻關係裡面掙扎的狀態。因為生活是自己的，我們不是活給別人看的。

有可能你真正想要的是簡單快樂的生活，但是你在乎別人看你的眼光，把生活過得複雜、不堪。有可能你本來並不熱衷於名車、名錶、名牌包，但是你總覺得沒有這些東西就沒有面子，擔心別人嘲笑你連奢侈品都沒有，所以也都配置上。

還有一種人很想證明別人錯了，透過否定別人給自己帶來快感，實則想要證明自己最優秀，這種人實際上也是陷在對別人認同的渴望裡。

瑟多納釋放法（Sedona Method）[6]認為，人有三個最強烈的核心欲望——想要安全、

6 由靈性大師萊斯特・雷文森（Lester Levenson）所創的清理能量方式，它的核心概念是，每個人的本質都是快樂的，只要把累積的負擔清除，本質就會顯現。

想要控制、想要被認同，所以被認同的動力的確是很大的。

 # 第四，從眾以獲得安全感，不願意和大家不一樣

別人到了一定年齡結婚，我也到了一定年齡就結婚；別人生幾個孩子，我就生幾個孩子；別人都在買房子，我也買房子；別人看這部電影，我也看這一部；別人去馬爾地夫度假，我也去馬爾地夫；別人有的，我也要有。不願與眾不同，沒有自己的主見，聽不見自己內心的聲音，只知道追隨別人。

 # 第五，害怕出錯、被指責，害怕承擔責任，不願自己做決定，把控制權讓渡出去

做決定容易犯錯，拍板定案的話會承擔風險，所以開會的時候、討論的時候、遇到風險的時候，這些內在沒有力量的人會鴉雀無聲，不願意去表達意見。

 # 第六，特別想要去控制、干涉別人的觀點和看法，特別想要去幫助和拯救別人

總覺得別人是有問題的：你怎麼年紀這麼大還不結婚呢？你怎麼不生孩子呢？你怎麼不想生第二胎呢？你怎麼能夠從這麼好的工作辭職呢？覺得別人不應該有這樣的表現和態度，

不應該有這樣的反應和行為，其實也是一種沒有劃清自己和別人的界線的行為。

那種很熱心，總想一腳踢開你家大門，闖入你的生活，告訴你怎樣生活才對的人，就屬於這種人。

前面五種是想把自己融入對方的價值觀，而第六種是很想把自己的價值觀輸出給別人，也不管對方是否需要。潛臺詞其實是：你看，我才是對的，我聰明有智慧，我很重要，我很討人喜歡，你看看你過得多差勁，你應該像我這樣，你應該欣賞我、崇拜我。

這是一種對認同的貪婪和我執，背後還隱藏著嫉妒——不願意承認別人可以超過自己。

我們為何會被外界、他人的認同牽引？

最核心的原因就是我們混淆了什麼是「我」，什麼是「我們」，什麼是「我的」，什麼是「你的」。

比如說，我在講課，A同學說盧老師講課講得真好，B同學說老師講課挺差勁的。

當然，A同學和B同學持有不同的觀點很正常。但這兩個觀點都不屬於我，它們各自屬於A、B兩位同學，贊同我的觀點屬於A，批判我的觀點屬於B，都屬於別人，只有我對自己的評價是我的。

但是，我們會混淆概念，外面的負面評價會動搖我們。假如你的評價變成我的，我把它接收並變成自身的一部分，我就會開始對自己進行攻擊。

人在幼年時期是透過與外界的互動來形成自己，透過父母的獎懲來明白自己該如何正確地行動。幼兒沒有「我」的意識，沒有自我的判斷，只能透過和環境的互動，來一點一點地建立起這個「我」。

幼年時期，我們別無選擇，沒有經歷人生，沒有任何觀點，只能透過這種模式讓自己在環境中生存。但是這種模式不適用於成年人。

讓自己跳脫出這種幼年模式，成為一個真正的成年人，是我們的第二次出生。曾經被外界、他人的眼光、判斷、喜好限制了多年的人，將不再被外界的觀點左右自己的內在，開始區分什麼是「你的」，什麼是「我的」，你的觀點屬於你，跟我沒有關係。

此時，真正成年的你的想法應該是：沒有任何一種觀點是所有人都贊成的，別人稱讚或是貶損自己，都是別人的事情，跟自己沒有關係。在意別人的觀點說明我們沒有位於自己的中心，我們偏離自己太遠，注意力在外界，內在沒有力量，因而覺得自己很差，對自己有很多負面評價，在序位上傾向於認為別人的位置比我們高。

如果你還不能建立以上的想法，那可能是童年時期的你沒有得到足夠的認同，覺得自己沒有資格，認為別人的觀點更重要，你需要透過別人的認同和讚揚讓自己獲得快樂和滿足，你對自己的判斷、對正確與否的判斷，都是透過外界回饋來確定的。

㈠我們如何把這種對認同的渴望釋放掉？

第一，我們需要明白，我們沒有辦法取悅所有人，我們不可能讓所有人滿意，我們也不需要所有人的認同。

真相是，無論你是怎樣一個人，都會有人反對你，無論你是什麼身分，都會有人不喜歡你。哪怕你當上了世界首富或者娛樂圈巨星，都會有相當比例的人討厭你，甚至憎恨你。

你需要明白一個事實：無論你是怎樣的人，無論你是否討好別人，總會有人不喜歡你；只有不能給自己足夠力量的人，才需要他人的認同。並且，每個人的觀點都是基於自己成長的家庭背景、人生經歷產生的，各人有各人的意見和看法，你不需要讓所有人滿意，否則你會被不同意見的能量拉扯到不同的方向，會成為他人意見的犧牲品。

第二，「你的觀點屬於你，不屬於我」。除非你認同，否則所有的觀點都不能對你起作用，你不需要去吸收別人的觀點。

舉個例子，如果有人對你的所作所為很欣賞，你可以說：「謝謝你，挺好的。」如果有人對你的言行不喜歡，那也挺好的，別人有權利表達自己的觀點，但那並不代表你有問題。

如果有一天，別人在公眾場合、在社交平臺上否定你、批判你，但是你不為所動，一點也不生氣，那你的極簡清理就做到位了，因為你已經能夠清楚地區分什麼是你的，什麼是外在的影響。

有人不喜歡你，不是你的問題，你不需要為所有人去改變，不需要在意別人的反對。你應該告訴否定你的人：「你有反對的權利，你不喜歡我是你的事，跟我無關。」

第三，不要從眾，不要追隨大多數。

群體智商一般會低一些，只有組織嚴密、有趣的群體，生產力才較高，熵值才會比較低。當你跟大多數人一樣的時候，要警惕是自己在跟隨大多數以獲得安全感，還是說，這是你深思熟慮後自主選擇的結果。

第四，永遠不要把你的觀點交給對手，永遠不要把你的判斷交給他人，保持你自己的觀點。

每個人都在按照自己的觀點描述這個世界、描述他對這個世界的理解，你需要總結自己的體驗，建立自己內在的判斷和聲音。

華語世界深具影響力的個人成長作家張德芬說：「外面沒有別人，只有你自己。」意思是說，你所有的這些內在牽扯到的東西，都不應該由外在來負責，你不應該去追隨外界他人的判斷，需要去追隨自己內在的智慧和聲音。

● ● ●

小程從小到大做什麼事情，都先考慮別人的感受和想法，總害怕別人不高興，寧願自己吃虧，也不敢反駁別人，雖然事後覺得很受傷、委屈，但還是忍不住去取悅別人、迎合別人。她在公司從事行銷企劃工作，經常為了上級、同事的觀點，把自己原來的特色創意刪除，再加上別人給的雜七雜八的意見，最後往往把企劃案改得面目全非。然而事後的效果證明，自己原本的想法其實很有行銷力，綜合了其他人意見的企劃案卻沒有什麼效果。因此，小程的工作總難有起色，自己也為無法堅守自己的內心而苦惱。

可能是從小的成長模式，導致把判斷標準放在他人手裡，造成了取悅他人、順從他人的性格。等想要做自己的時候，卻發現很難不在意他人的看法，總會猜測別人在想什麼，是不是自己做得不好。就像小程這樣，如果不加上同事們給的意見，就怕他們生氣，或者自己也不能堅定地認同自己的創意，覺得可能同事們給的意見才是更好的。腦子裡會有大量的對話，耗費心力，所以，需要把這種想獲得認同的渴望釋放、清理掉，去增加自我與他人之間的界線感。

當然我們可以適當接受建議，但是不要輕易改變內在對自己核心身分的定義，不要為別人對自己的好惡而苦惱。聽取意見也要建立在清楚地明白你自己是誰、你的價值觀和原則是什麼的基礎上，這樣才能判斷外在的意見是否符合自己的需要。否則，會帶來大量的內在消耗。沒有辦法拒絕別人，害怕別人失望，會失去自己的邊界。

如果別人給了你一些評價、觀點，你又不想接受，怎麼辦呢？有一個充滿魔力的句子：「謝謝你的評論，再見。」

「謝謝你的評論」——我聽見了；「再見」——結束了，沒有然後。

你已經評論完了，但我不需要把它吸收進我的內在讓它來影響我，關於我需不需要去修改自身，那是我的事，謝謝你的關心。

這種不接受意見的強硬態度，可能讓人覺得很討厭，但是，我們就是需要「被討厭的勇氣」。

有本書就叫《被討厭的勇氣》，書中介紹了如何在日常複雜瑣碎的人際關係裡擁有真正的幸福，核心思想來自阿德勒心理學，認為每一種生活方式都是自己選擇的結果。**如果你無法不在意他人的評價，無法不害怕他人的討厭，不想付出不被認同的代價，就無法貫徹自己的生活方式**。

做任何選擇始終要追尋自己的內心，因為生活是自己的。與其迎合他人，倒不如去擁有被討厭的勇氣，讓自己活得更有價值。朱利恩・史密斯（Julien Smith）在其文章〈死不妥協完全指南〉中，清楚地闡明了這一觀點：「當人們不喜歡你的時候，實際上什麼都不會發生。世界不會終結。你不會感到他們牢牢地壓住了你的肩膀。事實上，你越是無視他們，一心做自己的事情，你的生活就越好。」

一個朋友小王，說自己平時還好，但一到上班的時候就精神緊繃，覺得自己難以勝任工作，總怕做不好上司交辦的事情而被批評，遇到什麼問題，也不太敢求同事幫忙，怕麻煩別人。事實上，她的工作並沒有什麼難度，但處在這樣的精神狀態中，每天都感覺很耗費心力。

其實，她就是很在意別人的評價，害怕上司認為她的工作做得不好，害怕麻煩了同事，同事會討厭她，其根源也就是缺少被別人討厭的勇氣。

別人讚美我，我就認同自己；別人罵我、批評我，我就降低和削弱自己。所有力量的源頭都在外界、外在，只要有一個人不喜歡你的看法、不認同你的觀點，你就被拉扯得四分五裂。

現在我們換一種思考方式：別人認同我，我也覺得自己不錯、做得挺好；別人否定我，我不需要去接受，因為我覺得別人的觀點是別人的、與我無關，同時我讚美自己內在的堅定，有了內在的力量。

兩者相比，哪種思考方式對自己的人生幸福更有利，是不是高下立判？

所以，你要告訴自己，告訴你的親人朋友，告訴你身邊的每一個人：我們都要有被討厭的勇氣。

日本作家渡邊淳一有本書叫《鈍感力》，告誡現代人不要對日常生活太過敏感，「鈍感力」是非常必要的。所謂鈍感不是遲鈍，而是排除周邊一切干擾、勇往直前的態度，只有忍耐、包容、專注，才能夠做到寬容、從容、淡定。

表面上看，鈍感或許有些負面，但從本質上來講，這是一種有意義的狀態。遲鈍，是重劍無鋒、大巧不工，看上去人反應遲鈍，實則擁有很渾厚的力量，這就是我們想要達到的境界。

【功課】把別人對你的評價交還回去

- 回想那些讓你覺得很受挫的評價和看法，別人鄙夷的表情，對你做的侮辱性動作。比如：我覺得你真的很笨。我真的很不喜歡你。你的穿衣品味實在太差勁了。
- 去感覺這個針對你的評價或看法，或那個表情代表的意義，這意義被你身上的哪個位置吸收；去感覺這個評價、看法或表情的形狀、大小、顏色。比如，感覺像是在後腦有一堆軟乎乎的黑色的東西。
- 想像對面站著的是那個評價你的人，他的身後是他的原生家庭和經歷。你把這個代表他的觀點的東西，用手拿下來，或者用你想像中的手把它拿下來，交還到或者扔回到對方的系統裡去。
- 然後說：「謝謝你的分享，不過這是你的『觀點』，來自你的背景，不屬於我。」
- 做個深呼吸，對自己說：「我不需要讓這些成為『我』的一部分。

我選擇從我的信念系統裡清除這些，這些對我沒有好處。
謝謝這個經歷讓我更加強大。
我接受我自己，雖然我並不完美。
我喜愛我自己，我不需要和別人一樣。」

PART 5

調至正向頻道，吸引豐實未來

多數人習慣了跟隨身體、情緒、頭腦自動產生的狀態，但是忽略了一點——身體、情緒、頭腦都只是我們的工具，而不是我們的本質。

因此，我們應該調校我們的工具，而不是跟隨我們的工具。我們稱為「頭腦」的東西，是生活中透過五官接收到的印象的混合體。大腦根據接收到的資訊，相應地形成一定的傾向。頭腦就像一個錄音帶，把一切都錄製進去。無論你是醒著還是睡著，它一直在轉動，只管不停地錄製、錄製。現在的問題是，未經你的允許，它也會播放一些已經錄製好的東西，無論你喜歡與否，它只是不停地播放。

而且，我們的頭腦傾向於負面思考，給我們帶來更多的不快樂。因為我們的頭腦本能地聚焦於問題。因此，無論你獲得多少，你永遠關注的是你還沒有的，忽視每天可以欣賞和感恩的。

調頻調的是什麼？是你的狀態，是你的情緒能量。就是自己主動地去調整自己的狀態，調整到一個更高的狀態。

愛、喜悅、和平，是存在的深層狀態，因為它們源自心智之外。情緒則是二元性心智的一部分，受制於對立法則，也就是有好必有壞。因此，在一個無明的、心智認同的情況下，往往被誤稱為喜悅的，其實只是痛苦與享樂的交替循環裡，短暫的享樂罷了。

一個人的命運缺乏變化，是因為他從來沒有考慮過這些問題，不知道如何駕馭自己的「工具」，也缺乏決定去往哪個方向的勇氣，自然也無法付諸行動，只能陷在人生的「安全區」裡，今日復昨日，蹉跎了歲月。

01 用怎樣的加速度突破人生慣性？

人生殊途，有人最終能成就夢想，有人卻日復一日地重複著同樣的日子，這就是停滯的慣性。

年少時，我們對未來充滿了夢想和勇氣，隨著時間的流逝，我們開始做重複的工作，有固定的作息和上下班路線，結交同類型的朋友，所有的一切彷彿都固化了，這就是可怕的慣性造成的。

同齡人中有的人老得特別快，這種人一般都是心態先老，心態老則面容老，面容老又進一步催化了心態變老。心態老其實是不敢生活，不敢去想像，不敢突破自己的慣性、離開自己的舒適區。

極簡清理後的理想心態，不是擁有安全感、到達舒適區，而是要去看見生活、生命的色彩，意識到每一天都彌足珍貴，甚至每天要像人生的最後一天一樣去生活。

有本書叫《這輩子，只能這樣嗎？》（*Your Own Worst Enemy?*），作者肯尼斯·克利斯汀（Kenneth W. Christian）認為，自我挫敗的習慣，退而求其次的期望，搭配二流的努力，這就是在大多數心態老的人身上所看到的，所以這些人這輩子也只能帶著恐懼，而不敢肆意生活。

小崔和她的閨密從中學就一起讀書，一起旅行，幾乎同時成家立業，三十歲出頭都有了穩定的事業和家庭，各自的孩子也健康可愛。但有了孩子之後，她們一起做事的機會少了。小崔邀請閨密去國外旅行，對方總是說：「太遠了，來回好幾天，離開孩子我會不習慣的。」考慮到事業發展的需要，小崔約閨密去考研究所，對方又說：「等孩子長大一點吧，現在不太有時間。」結果三年不到，小崔考上了研究所在職專班，實現了升職加薪，身上洋溢著見多識廣的自信，而她的閨密還在原來的工作崗位畏縮不前，孩子也並沒有帶得比小崔的孩子更出色。

「等孩子長大了，我一定……。」好像是孩子拖累了你，讓你不能實現命運的改變一樣，其實這只不過是偷懶畏懼的藉口罷了。

還有人說想要改變自己的工作生活，改變目前的狀況，但配偶或者父母不同意。這都是拖延、轉移視線的藉口。孩子離不開或者配偶、父母不同意不是關鍵，主要是自己不願意突破慣性、面對改變。

我們不容易改變，是因為我們先關注行為，先關注能不能看見未來，然後才選擇是否相信。

有句話說：「大部分人在看見之後才會相信，非常少的人，他們先相信，然後才看見，這些人被稱為『領袖』。」

我們不容易改變，因為我們不願意相信。我們不敢相信那個沒有看見的未來，我們不敢相信夢想未來有可能會實現，我們不敢設置自己的願景，不敢相信命運可以由自己改變。

我們相信的只是過去已經發生的、當下正在發生的、目前已經擁有的，我們被訓練得墨守成規，躲在一個固定不變的舒適區裡。

美國心理學家馬斯洛（Abraham Maslow）在〈自我實現及其超越〉一文中講過：

- 自我實現意味著充分地、活躍地、無我地體驗生活，全身心地獻身於某一件事而忘懷一切。

- 面臨前進與倒退、成長與安全之間的選擇時，要選擇成長，而不是選擇防禦，力爭每一次選擇都成為成長的選擇。
- 「要傾聽自己生命內在衝動的呼喚」，就是讓自己的天性、潛能自發地顯現出來，使之成為行動的最高法規，而不是傾聽父母的教訓，以及教會的、長老的，或權威的、傳統的聲音。
- 要識別哪些是自己的防禦心理，並有勇氣放棄這種防禦，要竭力擺脫「約拿情結」的影響，敢於接受自己的命運、職責。

「約拿」是《聖經・舊約》裡面的一個人物。他本身是一個虔誠的猶太先知，一直渴望能夠得到神的差遣。神終於給了他一個光榮的任務，去宣布赦免一座本來要被罪行毀滅的城市——尼尼微。約拿卻抗拒這個任務，逃跑了，不斷躲避著他信仰的神。神的力量到處尋找他，喚醒他，懲戒他，甚至讓一條大魚吞了他。最後，他幾經反覆和猶疑，終於悔改，完成了他的使命。

「約拿」是指那些渴望成長又因為某些內在阻礙而害怕成長的人——我們害怕變成在最完美的時刻、最完善的條件下，以最大的勇氣所能設想成為的樣子，但同時我們又對這種可能非常憧憬。這種在成功面前的畏懼心理，就是「約拿情結」，它反映了一種「對自身偉大之處的恐懼」。

我們已經長大成人了，我們想要真正地活出自己，就要嘗試做一些改變和突破。

㈠ 生命都有終點，勇敢活出真正的自我

活著的人很少想到死，生命彷彿是約定俗成的、有規則的，同時又是漫長的，因為生活的節奏如此熟悉，讓我們誤以為生命就是一種習慣。

慣性束縛著我們，讓我們無法成為精采的自己。很多人從來不思考，不知道其實我們最大的敵人就是時間，因為時間最終會消磨一切，消磨所有的可能性，我們首先要去和死亡做朋友。

如果看不見死亡，我們就會誤以為活著是理所當然的，我們活著的時候就會想要得到很多，去填補內在的不安全感，隨之而來的是更多的焦慮和壓力。因為擔心失去，想維持現在擁有的財富，而沒有勇氣去「捨」。不能捨，自然也就不能得，因為我們花了太多的心力在

維持固有的東西上。

只有當你發現死亡距離我們很近的時候，你才會悟到，所有的恐懼、擔心，透過死亡都可以蒸發掉，所有的執著、貪婪、奢求，透過死亡都可以消除掉。

當你發現每一天都有可能離開這個世界的時候，你才會真正地開始做自己。死亡的可能性和不確定性，讓你徹底放下，勇於改變。

賈伯斯曾說：「**記住自己將不久於人世，這是我在做出人生重大選擇時的一個最重要的參考工具**。因為所有的事情——外界的期望、所有的尊榮、對尷尬和失敗的懼怕，在面對死亡的時候，都將煙消雲散，只留下真正重要的東西。」我們也需要告訴自己：生命是有終點的。當真正明白死亡隨時有可能到來的時候，我們才可以輕裝上陣，我們才會放下顧慮、放下不安全感、放下渴求，然後才能夠做出改變，才能夠真正地活著。

㈠突破人生慣性：做自己的倒數計時沙漏和遺願清單

一旦你發現死亡有個確定的時間，一切都會被提上議事日程。

有一部電影《一路玩到掛》（*The Bucket List*），講的就是有一個人得了絕症要死了，得知死期將至的他決定將以前的瘋狂構想一一實現，去發現人生的真正意義。這部電影能夠幫助我們很好地理解一個人到底應該怎樣度過一生。

有一個 App 叫「Lifetime」，中文名是「數到零：生命倒計時」，是生命倒數計時軟體[7]。它會讓你做一些測試題，評估你的壽命，然後就開始飛快地倒數計時。

比如，它顯示你剩下的時間是六十三年九個月二十九天三十三小時三分四十九秒，然後無論你在做什麼，打開 App 就會發現計數器走得飛快。

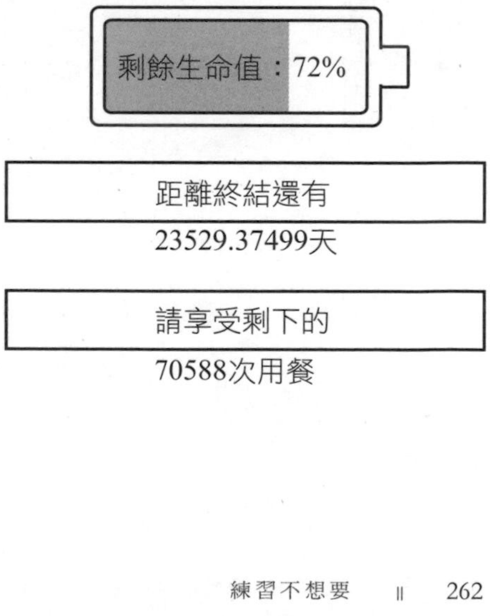
剩餘生命值：72%
距離終結還有
23529.37499天
請享受剩下的
70588次用餐

你每天都可以看看生命中還剩下多少時光，你會發現你擁有的時間是多麼有限，無論你在做什麼——吃飯、看書、工作、打盹、發呆、犯懶、打遊戲、做家務，它都在一絲不苟地減少。

你努力的時候，時間這麼走；你偷懶的時候，時間也是這麼走；你重複度日的時候，時間還是這麼走。

你已經重複度過了幾十年的日子，感覺如何？接下來的日子還是要繼續這樣重複嗎？

利用這個軟體，評估一下你之前的人生，想想哪些事情和經歷是讓你滿意的，感到快樂的，哪些是想做而沒做，感到遺憾的，目前有哪些沒有完結的事情，剩下的日子裡渴望去從事哪些事情，最終你想給這個世界留下什麼。把清單列出來。

將心中隱藏的渴望具象化、目標化，是非常重要的。如果沒有目標，我們就會被世俗的生活拖累，整日無所事事，打發時間都很困難。但是，時間實際上又是如此快速地流逝，你會突然發現幾十年彈指一揮間，但是自己什麼都沒有實現和改變，增加的只是皺紋和體重。

所以，你需要反思自己的人生，發現你的人生慣性，弄明白為什麼之前不能做調整，現在可以做哪些調整。

有些人曾經跟你是一樣的出發點，比如你的同學、同事，但是後來他們的人生軌跡發生了變化，你可以去拜訪和瞭解他們的生活，聽一聽他們在面對改變時的選擇、背後的原因、之前的擔心、勇氣和決心的來源等等，深思他們給你的建議。

---

7 此款 App 沒有在臺灣上架，但可找到類似功能的應用程式，如：「人生倒數時計器」、「life clock」（Android）；「生命計時器」（iOS）等。

我們當然可以讓自己活在最安全舒適、最沒有變化的環境裡，這本身不是一種錯誤。只是我們要想明白，如果我們安於現狀不去改變的話，未來會不會後悔。

(一)突破人生慣性：做和過去告別的儀式

如果你決定改變，那就去做一個和過去告別的儀式，脫離慣性，換個活法。

和過去告別是對過去的自己做完結，讓我們放下悲傷、不堪、憤怒的往事，放下對自己的攻擊、不滿，讓自己有一個新的開始。

這個儀式的關鍵不是去否定過去的自己，而是去接受過去的自己，同時對未來有一個新的決定。

想像你的面前有一根線，往前是通向未來，往後是通往過去。

面向未來的方向做個深呼吸，然後轉身面對過去，想像你看見過去歲月發生的種種，做個深呼吸，告訴自己：「我過去做的所有好的事情，我同意；所有不好的事情，我也接受。因為那都是我。這些行為背後的模式、動機，我看見；放下對過去自我的糾結和糾纏，我同意。」

當你看見過去的時候，想想你是否想要改變卻沒有辦法邁出那一步，去看見你內在的懶惰、固執和恐懼，看見這些，你說：「是的，這些的確屬於我，這一切的痛苦、快樂、代價、經歷，我願意接受，現在我看見了，我的時間是如此寶貴，如果生命是一場遊戲，是一個大的遊樂場，我願意全然接受。」

然後你轉過身，面向你未來的方向，告訴自己：「我決定我自己的未來是怎樣的，我對我的未來負百分之百的責任。」想像你看見遙遠的未來，你決定自己要往哪條路，你自己做選擇，塑造自己的品質。

做個深呼吸，朝向你未來想去的新的方向，慢慢地邁出幾步，無論你邁步的時候是擔心還是恐懼，都沒有關係，你可以帶著那份擔心、恐懼邁出去，慢慢地走到未來，放大那個未來，觀想那個未來。當你走到未來的時候，可以再次轉身，去看看過去的自己，感謝過去的自己。

你可以重複這個儀式，直到你變得更加熟悉。

菲菲以前的公婆、丈夫做過一些傷害她的事情，導致她至今仍活在一種受害者的模式裡。她想放下這種執念，就很適合做這個告別儀式。

按照這個儀式的程序，菲菲首先看見這件事情，然後後退一步，想像這件事情發生在一個電影場景裡。她可以看見這個場景裡有自己，有發生過的傷害自己的事情。看見自己（電影裡的她）生活在受害者的模式下，她可以問自己：「這件事給了我哪些正面的價值和意義？」菲菲想到這件事情教會了自己要學會放下，讓她看見如果自己一直處在受害者的模式裡，命運就不會發生任何積極的變化，只能讓自己長期處於痛苦、停滯的生活狀態中。

然後，菲菲嘗試去感謝這件事情，想像這件事情給她帶來的禮物，在心裡接受。接著，菲菲把螢幕縮小推遠，也就是不把這件事情放在面前，把它推到最遠的地方，告訴自己：「這件事情的意義我已經收下了，現在它可以回到它原來該在的地方。」

讓自己走向自己想要的方向、目標和位置上，來來回回多做幾次，如此這般，我們的身體和神經就會逐漸適應，慢慢放下慣性，因為那條新的道路、新的選擇，我們已經演練過無數次了，它變成了一種新的慣性，取代舊的慣性。

調整傢俱，改善空間能量場，也可以幫助我們改變自己

環境，即我們通常說的空間能量場，會直接影響人的健康，乃至命運。比如家所處的地方，家裡面所放的東西，傢俱擺設的位置，都會直接影響我們的身心健康，甚至運勢能量。如果我們所處的環境、空間，以及看到的事物都是固定不變的，我們就會掉到慣性裡，所以，我們的空間不能產生淤堵。

要讓這些空間的動線最舒服，也就是你走動的路線最合理，光線最明亮，乾淨整潔又舒適。你需要仔細感覺這個房間是否讓你足夠舒服，把這個房間當成別人的房間，把自己當成一個極簡清理的設計師。

首先，在這個空間裡感受一下人的坐、臥、站、行都在什麼方位，是否需要透過挪動桌、椅、床來調整這些方位。然後，檢查那些大型物件，看上去存在很合理的傢俱，是否一旦占據了位置就很難挪動、移走。

如果你想讓光線更好，卻很難更換沙發、跑步機、書桌、厚重的窗簾等，這就是一件很麻煩的事情。

我原來的書房是布窗簾，辦公桌上的電腦又插滿了線，拉窗簾的時候經常碰到線，很不方便，而且採光也不好。後來我就把那個挺貴的窗簾全部拆掉，換成了我喜歡的百葉窗，也

把有很多線路的桌上型電腦，換成了簡單便攜的筆記型電腦，這樣整個書房變得簡約明媚，人在其中也舒服多了。

如果你不喜歡，感覺到不舒服，那麼再貴重的傢俱，比如沙發、跑步機、電視機、床，都可以換掉。所有的一切都要以你為中心，將你在家裡的感知調整到最好。

你還可以想像，如果這個房間空無一物，需要重新設計裝修，你會怎樣布置，地板、牆面、門可以換成什麼樣式的，傢俱的擺放要怎樣變換。

調整大型傢俱，往往會帶來更好的身心清理效果。

每個房間都讓自己在輕斷食以後、很放鬆的身體狀態下，去待著、去感受、去做出調整的決定。

更換甚至扔掉物品必然產生浪費，但即便如此我們也要去調整，因為你比沙發、椅子、桌子都重要，把自己住的空間經營得舒服一些，人生才能透過減法提高效率。當你把自己的空間整理乾淨以後，還需要替自己布置一個**儀式空間**。

我們平時家裡或者工作的場合，只有家居或辦公的物品，比如衣服、擺件、茶杯、電腦、書等等。我們缺少一個高能量的外化空間，幫助我們靜心、冥想、許願來提升、清理、調整自己的狀態，這個場所就叫儀式空間。

我們可以在家裡開闢一小塊區域，比如書架上、客廳的角落等相對安靜的地方，用水晶、蠟燭、鮮花、精油，或者你覺得能量比較純淨的寶石等去布置，空間不必大，但要美麗乾淨，與心靈有連結。

儀式空間的作用有很多，比如可以做個能量的區隔，幫助你靜心。當你心情很煩亂，精神熵很高的時候，就可以在你的儀式空間裡靜一下心。儀式空間還可以幫助調整個人的運勢和房間的場域能量。

有本書叫《刻意練習：原創者全面解析，比天賦更關鍵的學習法》（*Peak: Secrets from the New Science of Expertise*），核心理念就是，我們必須逃離舒適區，讓自身時刻處在學習區，這樣才能獲得持續的成長。熟能生巧，重複會形成新的行為習慣。如果想要做新的自己、改變舊有的慣性，我們就需要堅持運用我們的意志力，反覆練習突破慣性，屢屢挑戰新的自我，這樣才可以得到躍遷和昇華。

【功課】設置儀式空間

在家裡設置一個供你靜心、祈禱、清理和提升狀態的儀式空間，空間不必大，可以在房間的角落、書架、書桌上。可以用水晶、蠟燭、鮮花、精油，或者你覺得能量比較純淨的寶石、香去布置，有宗教信仰的可以按照自己的信仰來。

儀式空間的作用：

1. 能量區隔，與平時的狀態分開。
2. 發願。
3. 幫助靜心。
4. 調整房間能量場。
5. 調整個人狀態。

02

調整頻率，連上幸福的信號

我們的頭腦傾向於負面思考，因此，我們每天都需要調整自己的狀態，調整我們的情緒能量，這就是調頻。

產生於幾百萬年前的叢林社會的頭腦，習慣於負面思考，習慣於去抓取問題分析判斷，去操心、焦慮，去感覺到不安全，這樣才能讓自己有更多生存的可能和繁衍的機會，才可以超過其他物種，站上食物鏈的頂端。

這種頭腦在遠古時期對我們的生存發展是有利的，因為如果我們的頭腦不是負面思考模式，而是傾向於滿足、快樂、無憂的，那就很難意識到危險，也不會籌謀策劃、預防風險，就很難生存下來，可能就不會有現在人類勝出其他物種的局面了。

但是，現在的情況大不一樣。如今是一個高速發展的文明社會，是一個分工協作的龐大系統，如果我們的頭腦依舊保留負面思考模式，還是每天聚焦於問題、不安、隱患，那麼無論我們獲得、享受了多少，我們關注的永遠是得不到、沒得到的那種匱乏、焦慮，對我們而言，並沒有多大的好處。所以，我們要透過調頻去清理自己的頭腦，管理自己的狀態，提升生活品質。

(一) 好狀態是吸引力法則的精髓

頭腦傾向於負面思考的時候，精神熵會變大，因此我們需要主動調頻，降低我們的精神熵。當我們把自己的狀態調整好了以後，我們就很容易去吸引和創造我們想要的一切。這就是吸引力法則的精髓。

有個朋友，原來的工作相對輕鬆，但是收入不高，所以他沒有什麼熱情，在父母的勸說下沒有辭職，也只是一直耗著，每天按部就班地把工作做完。後來他發現了一個商機，心中有了一個小目標，也做了招商方案，開始策劃創業，但是一直沒有找到志同道合的合夥人。

他很苦惱。

後來，他知道了吸引力法則，就積極調整自己的工作狀態，對新的創業方向表現出強大的願望和行動力。不僅如此，即便對於當下並不中意的工作他也表現出了熱情，每天工作十分積極。不久之後，他在一次訪問客戶的交談中，遇到了之後的合夥人，自創事業很快就有聲有色地做了起來。

吸引志同道合的合夥人其實很簡單，首先你自己對這個事業要有很強烈的願望和行動力，這樣和你同頻的人才會被你吸引，因為他們發現你的能量很強大，才願意追隨你或者協助你。因此，你必須用自己的意願、意志調整自己的狀態、節奏，降低精神熵，擴大自己內在的心量和吸引力，然後你想要的人或者事物才會被你吸引過來。

很多人不調頻，他們跟隨固有的環境和節奏，跟隨別人的情緒能量，跟隨新聞資訊裡的情緒能量，任憑外界影響自己。他們跟隨自己過去的經驗，跟隨自己頭腦裡面的慣性，跟隨那些紛繁複雜的念頭，對自我認定有著執著的慣性，對自我的不可改變性非常認同。這意味著，如果這些人的過去寫入了一些負面的信念、糟粕，那這些信念、糟粕他們就會一直保留。

比如，童年時被小朋友欺負，可能替你植入一個信念：敞開自己和別人溝通有可能是不安全的，所以我需要躲在自己的角落裡。

頭腦透過建立這種快捷處理路徑，讓我們避免因長時間的思考延誤而受傷害——「一朝被蛇咬，十年怕草繩」，這是神經的一種高效工作方式，透過刪減、扭曲把一個複雜的社會現象、故事，濃縮成一個簡單的版本。

但是，當長大成人以後，你已經不會再被小朋友欺負了，不再需要這種信念帶來的保護機制了。但這種信念可能會繼續存在，繼續對你的人生起作用，甚至會成為你發展的障礙。如果不調頻，就是用之前那些自動自發形成的混亂能量來干擾未來的走向。

一個事業有成的朋友，前幾年的事業其實挺不順的，投資的專案大多倒閉，三角債要不回，為了貸款把房子都抵押了。最困難的時候入不敷出，要靠去二手網站賣自己的收藏品才能發薪水給員工，壓力非常大。

在遇到現在這個讓他「起死回生」的新事業時，很多熟悉他的朋友、家人都勸他不要再嘗試，免得再次失敗，但他沒有被過去失敗的經歷束縛。他主動調頻，提高自己的能量，從失敗中汲取經驗，而不是被失敗嚇倒，積極思考如何減少錯誤，並積極付諸行動，終於打了一個漂亮的翻身仗。

普通人覺得自己過去很失敗，所以現在也可能失敗，存有失敗者的信念和能量，並認為繼續失敗也是常事。但成功者不一樣，他覺得過去形成的信念並不重要，如果這些信念對未來的成功沒有幫助就需要改掉，他關心的是現在應該擁有怎樣的信念和狀態才能夠幫助達成未來想要的目標。這就是兩種不同的邏輯，看上去後者並沒有前者那麼順暢、嚴密，但是後者是目標導向、未來導向，是我們需要努力的方向。

㈠瞭解心靈的能量層級，提升自我狀態

美國著名精神科醫生、心理學家——大衛・霍金斯（David R. Hawkins）寫過一本書，叫《心靈的正能量與負能量》（*Power Vs Force*），認為人類各種意識層次都有其對應的能量指數，人的身體會隨著精神狀況的好壞而有強弱起伏，我們不同意識的維度、不同情緒的狀態是一種可以測量的能量指數，這種能量指數我們現在叫作頻率。

大衛・霍金斯認為，人的意識維度由低到高可以分為十七個層次，其中，最低的一檔是羞愧恥辱，這個意識層次的振動頻率是20Hz。再往上是罪惡譴責，振動頻率是30Hz。

再往上依序是：

冷漠絕望，50Hz；

憂傷懊悔，75Hz；
恐懼焦慮，100Hz；
渴望欲望，125Hz；
憤怒仇恨，150Hz；
驕傲輕蔑，175Hz。

這是對人有害的負向振動頻率，它們會為我們的身體帶來壓力，削弱我們自身的能量。很簡單的例子：有兩個人，一個每天生活在上司的批評、家人的責怪、對未來的擔心焦慮中；另一個每天生活在上司的欣賞、溫馨的家庭、對未來的期待嚮往中。你覺得過十年、二十年，兩個人的生活狀態、身體狀態、財富狀態會有不同嗎？

答案是肯定會。首先接收到情緒頻率的就是自己，如果每天浸淫在負向的情緒裡，進而產生負向的濾鏡，導致看到的世間萬物都帶著仇恨、懊悔、焦慮、冷漠等負向情感，會把世界上所有的東西都過濾成負向的。

每天在負向頻率裡的人，身體長期處在高皮質醇[8]的狀態中，會心慌、胸悶、頭痛、免疫力下降，情緒也容易怒、躁、憂、緊張、焦慮。外在的表現也會是注意力下降、表達能力下降、記憶力下降、判斷力下降……。

人的意識維度的正向層級分別是：

第九層，勇氣肯定，200Hz；

第八層，忠誠信賴，250Hz；

第七層，希望樂觀，310Hz；

第六層，寬容原諒，350Hz；

第五層，理性諒解，400Hz；

第四層，愛與崇敬，500Hz；

第三層，寧靜喜悅，5400Hz；

第二層，安詳平和，600Hz；

第一層，開悟正覺，700～1000Hz。

如果每天是在這些正向的頻率中生活，人勢必心情愉悅，做事情也很容易成功，也會被周圍的人喜歡，好的事情就很容易發生在他的身上。如果正向吸引力很強的話，想要什麼好

---

8 一種荷爾蒙，當人處在壓力時，皮質醇會增加並融入血液之中，幫助身體應付壓力，所以又被稱為壓力荷爾蒙。

的事情發生，這個事情就會更容易發生。

所以，**快樂和喜悅不是敵人，而是你的最佳助力**。

我們受過很多「吃得苦中苦，方為人上人」的教育，主流價值觀宣傳的也是要歷經滄桑、千磨萬擊，才可能換來得之不易的成功。沒有人能隨隨便便成功——抱有這個想法的人就到處找苦吃，哪怕成功容易達到，他也要皺起眉頭、忍辱負重才會覺得心安。

但是，快樂本身並不會影響你去追求成功，而且我們追求成功的最終目的，不就是為了獲得快樂嗎？所以，我們需要先把自己調整到快樂、喜悅的狀態，無論發生什麼，都需要調整頻率維持這個狀態，這樣，我們才能夠隨時感覺到喜悅、快樂、感恩等正向情緒，才能走向掌握自己命運的正確道路。

只有你的快樂和幸福不附屬於任何他人他物的時候，你才是自由的，否則無論你處在何地，你都是自己的囚犯。

我們要去調整自己的頻率，使之成為自己所能掌控主導的，這個掌控主導並不是基於過去，而是基於我們未來想要達到怎樣的狀態。

㈠修身才能齊家，每日對自己的狀態調頻

本書之前已經講述過很多方法，簡單回顧總結如下。

1. 每天吃簡單有營養、有品質的有機食物，偏素一點，不宜吃得過飽。

2. 透過斷捨離替自己營造潔淨有序的生活空間，把不需要的、混亂的、無處安放的、過時的、過舊的東西統統清理掉。

3. 規律作息，每週適當做一些有氧運動。身體與心靈是一體的，規律的作息能幫助身體及時調整到最佳狀態。

4. 減少使用手機、網路這些令人分心的事物，回收你的心力，防止你的注意力渙散，精神熵增加。

5. 運用你的儀式空間。尤其在工作之前，可以用儀式空間幫助你清理情緒，調整狀態。

此外，還可以輔助以動中禪、冥想等增強覺知力，減少本能的情緒發洩，增強你的正念。

除了以上這些方法，我們還可以透過**每天表達和釋放我們的喜悅和愛**來對自己的狀態調頻。

喜悅和愛越被表達、釋放，就會變得越多。你可以用言辭、親吻、觸摸、擁抱、禮物表

達愛意，這樣你的愛會無限增加，你愛的能力也會提升，你會擁有無窮的愛。表達感謝同樣如此，感恩也是一種神奇的力量。當我們覺得自己已經擁有得足夠多，認為發生的一切都是一種奇蹟、一種恩賜時，用這樣的心態去思考萬事萬物，就會把自己調整到喜悅、快樂的正向狀態裡，也就是調整到大衛·霍金斯所講的正向意識層次的一到四層，你自身的振動頻率就會上升。

一位四十多歲的大哥，近兩年一直覺得現在的工作很累，也沒有價值感，對自己升職加薪感到無望，但因為年齡等原因也一直沒有找到其他合適的工作。厭煩這裡的時候想裸辭（沒有找到下一份工作就辭職），找不到其他工作時，又覺得這裡至少還有發薪水，他在這種進退兩難的處境中糾結、焦慮、煩悶。

這位大哥的問題其實是很難有明確答案的，的確年齡在職場上是很大的關卡，尤其是在有家庭的情況下，需要考慮自己的經濟基礎和能力，才華是否足夠支撐裸辭或者創業。當自己的經濟或者才能儲備不夠的時候，如果沒有其他更好的選項，那就應該感謝現有的這份工作，感謝現在的老闆，感謝還有收入，抱著這樣的心態，努力在公司裡創造更大的價值，積極去為未來做儲備。

你覺得你擁有的已經很多了，父母、老師、老闆、周遭的其他人給你的已經足夠多了，你非常感謝他們，這時只可能造成一種新的情況，那就是你會擁有得更多。感覺到匱乏的人，認為別人欠你的人，只可能發生一種情況，那就是別人欠你的越來越多，你擁有的越來越少。

你越索取，擁有的就越少；你越感恩，擁有的就越多。這很有意思，其實就是吸引力法則。透過你的狀態產生吸引，當你處在一種內心豐盈的狀態時，你只可能擁有得更多。

每天的感恩日記

首先，找出三件今天可以感恩的奇蹟。

有人可能會說每天起床、上班、下班、吃飯，身邊沒有發生什麼大事。其實，你覺得很棒的事情，都可以稱作奇蹟。

比如，你吃到了想吃的美食，叫車很順利，這都是奇蹟；或者遇到了什麼人，跟你分享了什麼樣的故事，這也是奇蹟；又或者是上司給你的表揚或嘉獎，這也是奇蹟。訓練自己的心性，每天表達對生活的讚美，對發生在身上的美好的事情表達感謝。也就是透過這種方式去訓練你的心性，將你的頻率狀態提升到更高的維度，這是很重要的。

其次，每天除了找出這些奇蹟以外，你也要去讚揚、感謝這些人或者事。

你可以當面表揚別人，經常誇讚別人。有的人傾向於負面批評，覺得好像沒有什麼值得誇讚，或者誇人會讓他害羞，覺得不好意思。這類人尤其需要每天去表揚別人。

比如，當面誇獎朋友今天的穿搭很時尚，同事的報表做得非常漂亮，媽媽做的飯很美味，等等。這些都是日常小事，但是經常練習會產生非凡的效果。

再次，讚美自己。

讚美自己的正向變化，多肯定自己。

「我怎麼這麼好看?!」、「我今天沒有拖延，真是太棒了！」、「我今天竟然忍住了，沒有亂買東西」、「我很美」、「我很有內涵」、「我是個善良的人」……可以從各種層面讚美自己。

最後，每天要送祝福的能量給自己和自己愛的人。

感恩日記需要大量的重複和強化，反覆練習有助於形成一種新的神經迴路記憶，達到「霍金斯能量圖表」（見左頁）裡喜悅和愛的層級，降低我們的精神熵。

感恩是由你的心去創造、去接收的。有人認為沒有什麼可以感恩的，因為他沒有發現可感恩事物的眼睛和心，所以更需要勤加練習，把自己調整到感恩的狀態。

霍金斯能量圖表

生命觀	水準		能量頻率	情緒	生命狀態
不可思議	開悟	↑	700~1000	不可說	妙
都一樣	和平	↑	600	至喜	平等
好美啊	喜樂	↑	540	清朗	清淨
我愛你	愛	↑源	500	敬愛	慈悲
有道理	理智	↑能	400	理解	知止
我錯了	寬容	↑&	350	寬恕	修身
我喜歡	主動	↑動	310	樂觀	使命感
我不怕	淡定	↑力	250	信任	安全感
我可以	勇氣	↑▲	200	肯定	信心
我怕誰	驕傲	↑▼	175	藐視	狂妄
我怨	憤怒	↓壓	150	憎恨	抱怨
我要	欲望	↓力	125	渴望	吝嗇
我怕	恐懼	↓&	100	焦慮	退縮
好可怕	悲傷	↓抗	75	失望	悲觀
好無奈	冷淡	↓拒	50	絕望	自我放棄
沒意思	罪惡感	↓	30	自責	自我否定
死了算了	羞愧	↓	20	自閉	自我封閉

現在就過最好的生活

斷捨離不是消滅自己的欲望，而是控制自己的欲望，讓自己身心平衡，可以過最好的生活。比如說，你可以把曾經捨不得用的、囤積下來的好東西拿出來使用、享受。

斷捨離也不是不購買、不添置，而是為自己選擇最心儀的物品，吃最健康、最優質的食物，這也是過最好的生活。

把身體、情緒都清理乾淨以後，你覺得特別喜愛的、令你心動的、想要擁有的物品就是心儀的物品，而不是名牌、貴重物品，這個必須辨別清楚。

把你的心性清理乾淨以後，你仍然可以去選購你最想要的東西來裝點你的生活，當然原則還是總量恆定、進一出一。怦然心動的物品，會給你的生活帶來更多快樂、美和舒適感，讓你過上最好的生活。

用肯定句幫助調頻

當你使用肯定句的時候，你可以閉上眼睛，將句子視覺化，並想像身體的體驗。

舉個例子，「我喜悅地看見宇宙的財富持續輕鬆地流向我」，這句話是肯定句，拚命地反覆念誦並沒有太大作用。它的精髓不是語言，而是語言所引發的情緒感受。所以，你可以閉上眼睛，慢慢地念出：「我喜悅地看見宇宙的財富持續輕鬆地流向我。」你要讓這個句子的圖像同步呈現在你面前，同時讓你的身體去吸收這個句子裡的感覺。當你念「我喜悅地看見」這幾個字的時候，你的身體應該是喜悅的，這時你可能帶著微笑、兩手張開，很快樂地去擁抱流向你的財富。

你的語言，你的視覺，你的身體姿勢、感受、情緒，是一體的，只有它們同時是正向的，這才叫「肯定句」。

肯定句的語言、思想是一種振動，是通往未來的一個入口，核心是幫我們定位自己的狀態，調整自己的頻率。

用肯定句幫助調頻的步驟：

第一，找到需要反轉的信念。

覺得自己需要在某個方面有突破、有反轉，有某種壞習慣需要克服，就用肯定句。

第二，必須用「我」開頭，也就是講你自己。

第三，用現在式。

不說「我未來會有很多財富」，而說「我看見很多財富流向我，我看見我值得擁有財富，我擁有很多成功和快樂」，用這樣的現在式來表達。

第四，用正向的語言。

「我不想要貧窮，我不想要生病」，這是負向的，改成「我擁有健康和財富」，就是正向的。

第五，帶著感恩和共贏意識。

不傷害自己，更不要傷害他人，千萬別想把別人的財富、健康、名譽等弄到自己這裡來。

第六，念肯定句時，要為自己帶來快樂。

比如說，你現在與某人的關係不太好，你想要有段美好的關係，那麼你要讓自己擁有的信念就是，你值得擁有，或者你正在擁有，或者是好的關係會降臨到你身上。你可以告訴自己：「我值得擁有最美好的關係，我看見那個最適合我的人正在向我靠近。」

 # 創造出自己的肯定句

- 我很快樂，我很值得，宇宙的財富持續輕鬆地流向我。
- 我是如此幸運，我擁有愛、活力、財富和成功。
- 宇宙中的財富是無限的，我喜悅地接受宇宙帶給我的奇蹟和財富。
- 我很美麗、我有自信、我內心強大，富有力量。

……

調頻有什麼作用？

#第一，在最好的狀態下設置自己的意圖

不同的狀態會帶出不同的意圖，因此，我們需要在自己最好的狀態下去設置意圖。我們情緒低落、萎靡不振、傷心絕望的時候，是不適合去設置自己的未來願景的，所以要事先調頻到一個好的狀態。

有一個很典型的例子，我們公司裡一位年輕同事對很多事物都持不信任的態度。對上司交辦的任務，他要不就是說：「瘋了吧？竟然想出這種主意！」要不就是沒把握地說：「我能完成這項任務嗎？」抱著這樣的心態做事，結果就是成績大打折扣，每個任務都做得不盡如人意。

後來，他用各種方法調整了頻率以後，轉變為一種積極的信念，不遺餘力地配合長官和同事的工作，被交辦任務後總是信心滿滿，堅信自己的企劃案一定會實現，結果還真是每次都成功。

第二，更新自己的信念篩檢程式，進而更新自己看世界的視角

當你內在的情緒狀態、頻率、能量改變的時候，你看待這個世界的角度就會變。

舉個例子，你可以試一下這兩種不同的表達：

第一種：我沒有辦法影響世界，我沒有辦法改變未來。

第二種：我相信宇宙的奇蹟，我每天都在接受發生在我身上的各種奇蹟。

感受一下，當你做這兩種不同的表達時，是否對世界、未來的信念也是不同的？調整自己的狀態，你的信念會隨之變化，你對這個世界的觀點也會改變。

當你改變了自己的信念篩檢程式，你就更容易進入心想事成的狀態，能夠讓自己更有魅力和吸引力，你的人際關係也會隨之變化，最終你會處於一種快樂喜悅的境界。這其實也印證了吸引力法則：你關注什麼，就會把什麼吸引進你的生活。

【功課】進入臨在狀態

進入臨在狀態，讓自己全然地活在當下。

- 第一步：把注意力帶到腹部中心，也就是我們肚臍下三寸左右的位置。這是我們身體的中心，將呼吸帶到此處。
- 第二步：呼吸，把氣吸到胸腔，將注意力擴散到整個身體和周圍的環境上。
- 第三步：開始覺知你身體的立體存在，繼續擴展你的覺知，延伸到你腳下的空間、頭頂的空間、背後的空間、前方的空間、左邊和右邊的空間。
- 第四步：

①體驗內在的連結感，感受到你的頭部、心臟、腹部和雙腳。

②感受與外界的連結，透過雙腳感受與地面的連結，透過頭頂感受與天空的連結，感受與周圍環境的所有連結。

- 第五步：想像自己獲得越來越多的平靜、自信、好奇的感受，並把這些感受擴展到包圍你的環境和場域裡。

03

相信你不敢相信的，實現自己的願景

斷捨離並不是過捉襟見肘的生活，而是把所有能回收的心力都回收回來，讓我們過上內心豐盈的生活。因為在實行斷捨離以後，我們會有更多的時間和精力，更少的壓力和焦慮，會更加慷慨、自由，會擁有更加高品質的物品，會更少地和別人比較，更少地受制於人，會有更少的不必要關係的牽絆，更多的滿足和感恩。也就是我們在不同的維度都清理了自己。

（一）自我的維度

自我的維度分成若干層。

第一層是代碼層。

代碼層裡面有我們最原始的基因，即最原始的欲望和意識。

第二層是物質層。

物質層指我們的腦神經、我們的身體、我們的環境等等。

第三層是能量層。

能量層指我們的脈輪、頻率、情緒狀態等等。

第四層是頭腦層。

頭腦層指我們的認知、想法、信念等等。

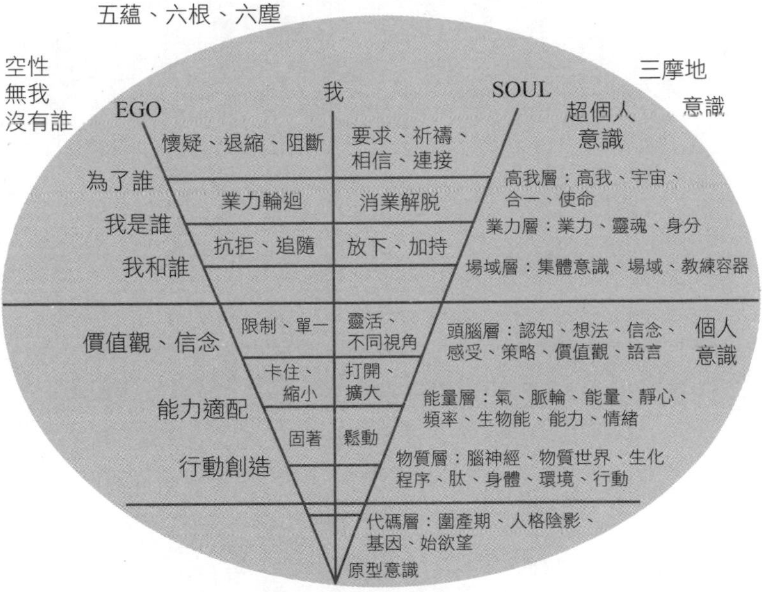

自我的維度

第五層是場域層。

場域層包含了我們的集體意識、我們設置的儀式空間等。

再往上是業力層和高我層。

業力層和高我層，包含了業力、靈魂、身分、高我、使命等。

斷捨離的清理有很多聚集在我們的物質層，比如清理我們外在的環境、我們身體的輕斷食等；一些靜心、冥想的練習都是在能量層；在頭腦層，我們透過認知和想法的改變、價值觀的改變，去做清理和調整；我們設置的儀式空間屬於場域層。

透過這些維度層的清理，我們進一步減少在代碼層的那種原始欲望的堆積。越清理上面這些層面，代碼層就越乾淨，又反過來影響到其他層級，伴隨而來的就是意志力、注意力、心力的上升，精神熵的降低，我們就更容易實現自己的目標。

實現目標除了需要行動、設定目標、努力，還需要動用精神的力量，所以我們要有自己的願景：

首先是關於自我的願景。

其次是關於自我目標的願景。

#自我的願景

在自我的願景裡，首先是關於「我」的定義——我是誰，我是一個怎樣的人；其次是除了自己的身分以外，我和這個社會、這個世界的關係——我能夠為別人帶來什麼。

舉個例子，你可以為這個世界帶來快樂、知識、溫暖，為他人帶來創業方面的指導，這些都是關於自我的願景。

當擁有了自我的願景以後，因為它比較書面化、比較抽象，你可以把它變成一個具體的形象，替自己願景中的身分形象設定一個隱喻。值得注意的是，你對自我發展層級的願景、未來生活狀態的願景，不是按照你現在能不能做到去判斷的，而是按照你想要達到哪種狀態去判斷。

如何形容自己未來的角色？如果你對自己的身分定位是一個快樂的分享者，可以帶來快樂、溫暖、支持、陪伴，那麼你對這種身分形象的隱喻可能是一個小太陽，你也可以用一幅圖像來表達自己，讓隱喻更加視覺化。

我們可以**製作一幅關於自我身分的願景圖**，上面可以有你開心、快樂的照片，有你對自己的定義——「我是一個快樂的分享者，我替別人帶來快樂、溫暖、支持和陪伴」，然後有一個隱喻，即一個很明亮的太陽。

做這個圖可以是手繪，也可以選擇自己的照片進行拼貼，或者直接從網上下載一些好看的圖片，重點在於你每天能夠看見它，並產生對自己的正向拉動。

自我目標的願景

自我目標的願景就是你想成為怎樣的人，如何定義自己的形象和身分，也就是為了夢想努力，使自己強大、清晰、專注的意願，讓這個意願來整合意識和潛能，整合宇宙中的所有資源。

有人很苦惱地對我說，他發現自己無法保持長久的熱情。

比如工作方面，喜歡鮮花就開了花店，熱衷旅遊就任職於旅遊公司，做得還不錯，但是一般三五年就厭倦了，想換其他的工作。如果逼著自己堅持，失去了熱情的自己，感覺就像陷在泥潭裡面，每天渾渾噩噩、鬱悶煩躁。

沒辦法對工作保持長久的喜愛，其實就是缺乏自我目標的願景。他可以問自己到底喜歡從事什麼，而做這件事情又是想要為這個世界、為其他人帶來些什麼，自己最終想成為一個怎樣的人。也就是搞清楚自己的使命，明晰自己的願景，找到這種更高層的價值觀、使命、意義，才會有燈塔一樣的信念在遠方照耀、牽引我們。

(一) 設置自己的人生願景板

願景圖是關於我們自己是一個怎樣的人，人生願景板是我們的意念、目標的一種表達。製作方法與願景圖一樣，沒有什麼格式的限制。

我們為什麼要用圖像形式呢？因為文字是大腦後期才發展出的一種功能，但是視覺，包括情緒、情緒腦這部分一億多年前就產生了，更加本能，更接近能量本身，我們用這種代表潛意識的圖像，來表達我們的人生願景。

給人生的每一個願景做一張圖板。人生有財富、知識、健康、關係等很多方面，把我們發願的願力和能量集中於某一個目標，比如說你想要一個美滿的家庭或者婚姻，做一張願景板；你想要成功的事業，另做一張圖板；你想要心靈成長到某個境界，再做一張；以此類推。

設定具體的目標，比如今年要擁有多少財富、多大的房子、怎樣的人際關係、銷售額要達到幾百萬等等。更好的是一種生活狀態，比如說你想要一種快樂無憂的生活，有一個情投意合的人生伴侶。

這些目標是你相信可以達到的，如果你自己都不相信可以達到，你就需要回到上一步，先調整頻率、提升你個人的狀態，然後再來設置目標。

願景板裡必須有你自己。為了達到真實的效果，最好用自己的照片，把自己的照片放在嚮往的場景圖片裡。

有個人想要像他的偶像一樣，自信、自如地演講，於是就把自己的照片貼在了偶像在講堂裡演講的照片之中，產生一種逼真的效果，利用視覺化來增強能量，激發自己的潛能。

比如你的願景是環球旅行，那你就把自己放在世界各地的美景照片裡；你想成為暢銷書作家、企業家等，你可以把自己置於簽名售書的現場或者新品發布會的舞臺上……總之，儘可能地把自己放在一個真實的背景中。

願景板的圖可以運用很多鮮豔的色彩，因為顏色也可以增加潛意識的衝擊力。願景板要是很鮮豔亮麗，就更能激勵你。一些鼓舞的語言、人生箴言、自我宣言、自我的正向肯定句也可以寫在上面。

願景板可以放在你的儀式空間，增加一些能量的輔助。

如何使用願景板

每天起床時或睡覺前，去看願景板，觀想你的願望、目標已經實現，想像你的目標實現的時候是怎樣的場景，記得帶上那些視覺圖像和身體的美好感受。

在儀式空間使用願景板，可以幫助你增強願景的力量。

當你做觀想的時候，找到那個圖像和身體的感覺，你可以告訴自己：「雖然我不清楚宇宙是如何實現我的願景的，但是我已經在實現願景的道路上了。」之後你還可以增加一些自己需要的肯定句。

願景的力量非常強大，就像遠方的燈塔引導著你，防止你被慣性拉扯，走向追求欲望來獲得快樂的歧途。真正的快樂源於我們成為自己想要成為的人，**短期行為和長期價值相符，才能帶領我們走向真正的幸福快樂**。

當然，我們擁有願景後，也不能太執著於願景，否則會催生新的欲望與執著。對待我們的願景，一方面我們要充滿熱愛和感恩，努力去實現它，另一方面我們也要願意隨順這個宇宙，順其自然。我們朝著這個大方向前進，但並不糾結於細節。我們會有具體的要實現的目標，也允許命運隨機安排。

當你能夠降低自己的精神熵，提升自己的情緒維度的振動頻率，讓自己最底層的、不必要的欲望達到最少時，那些有組織的、更高維度的、更高意識的目標和願景，就能夠變得更容易實踐，生活中也會充滿快樂、喜悅與平和。

人生之路漫漫，長遠的功課需要反覆地實踐，量變引起質變，才能讓我們逐漸掌控自己的命運，改變自己的同時，影響外在環境轉變，錨定一個全新的自己，最終擁有豐實的人生。

【功課】種下你自己的人生願景

- 舒適地坐著或躺著，閉上眼睛，深長、緩慢、自然地呼吸，不斷放鬆。
- 想像某個你渴望出現的事物：某種生活方式、一段關係、財富、地位、家庭、健康、社會貢獻、成就、知識等等。
- 想像它已經發生了，去觀想這個場景的細節，想像場景裡有怎樣的人、畫面和聲音，有怎樣快樂的情緒；想像這個時候，你會如何定義自己，別人會如何和你互動。
- 將你的夢想塞進用意識和光形成的種子裡，帶著快樂和感恩，將種子釋放掉，想像夢想的種子被種在了潛意識的最深處。種子會用它自己的方法去吸引和聚集那些促成它實現的能量。

• 告訴自己：「雖然我不清楚宇宙是如何實現我的願景的，但是我已經在實現願景的道路上了。」去觀想好的事情正在運作和發生。
• 去看著這個意願的種子在潛意識中被吸收，生長，帶來美好的光和希望。

LEARN 068

練習不想要：在過剩世界裡，我們要學會減法生活

作　者——盧熠翎
主　編——尹蘊雯
責任編輯——王瓊苹
行銷企畫——吳美瑤
封面設計——Ancy Pi
內頁排版——張靜怡

編輯總監——蘇清霖
董 事 長——趙政岷
出 版 者——時報文化出版企業股份有限公司
一〇八〇一九臺北市和平西路三段二四〇號三樓
發行專線—（〇二）二三〇六—六八四二
讀者服務專線—〇八〇〇—二三一—七〇五
（〇二）二三〇四—七一〇三
讀者服務傳真—（〇二）二三〇四—六八五八
郵撥—一九三四四七二四時報文化出版公司
信箱—一〇八九九臺北華江橋郵局第九九信箱

時報悅讀網——http://www.readingtimes.com.tw
電子郵件信箱——newlife@readingtimes.com.tw
時報出版愛讀者粉絲團——https://www.facebook.com/readingtimes.2
法律顧問——理律法律事務所　陳長文律師、李念祖律師
印　刷——紘億印刷有限公司
初版一刷——二〇二三年一月十三日
定　價——新臺幣三八〇元
（缺頁或破損的書，請寄回更換）

時報文化出版公司成立於一九七五年，
一九九九年股票上櫃公開發行，二〇〇八年脫離中時集團非屬旺中，
以「尊重智慧與創意的文化事業」為信念。

練習不想要：在過剩世界裡，我們要學會減法生活／盧熠翎著. -- 初版. -- 臺北市：時報文化出版企業股份有限公司，2023.01
304 面；14.8×21 公分. --（Learn；68）
ISBN 978-626-353-300-4（平裝）

1. CST：人生哲學　2. CST：生活指導

191.9　　111020555

ISBN 978-626-353-300-4
Printed in Taiwan